인덕경

人德經

인덕경 人德經

이나모리 가즈오

닛케이톱리더 엮음 • 장수현 옮김

한국경제신문

다시, 경영자란 무엇인가라는 물음

저희 '닛케이톱리더(구 닛케이벤처)'는 1984년 창간 이래 한결같이 중소기업의 활성화라는 사명을 추구해 온 경영지입니다. 지난 몇 년 사이, 취재가 끝나고 경영자 분들과 이야기를 나누다 보면 이런 말을 많이 듣게 됩니다.

"제가 사실은 세이와주쿠盛和塾 학생입니다."

세이와주쿠는 이나모리 가즈오 씨(교세라 명예회장, KDDI 최고고문, JAL 명예회장)가 주재하는 경영 공부 모임입니다. 1983년에 발족하여 수많은 중소기업 경영자가 이곳에서 경영을 배워왔습니다. 그리고 최근 몇 년 사이에는 특히 학생 수가 급증하고 있습니다.

세이와주쿠에 학생이 늘고 있는 이유 중 하나는 의심할 여지없이, 한 편의 드라마와도 같았던 JAL(일본항공)의 재건 스토리 때문일 것입니다. 거액의 부채를 떠안고 도산한 항공회사를 이나모리 씨는 2년 8개월 만에 보란 듯이 재상장시켰습니다. 그의 수완이 널리 알려져 '이나모리식 경영'을 배우고자 하는 경영자가 늘고 있는 것입니다.

저희가 생각하는 또 하나의 이유는 바로 '경영의 시대성'입니다. 일본은 지금 커다란 전환기를 맞고 있습니다. 인구감소 및 저출산 고령화 사회로 돌입하는 한편, 경제의 글로벌화도 급속히 진행되고 있습니다. 또한 그에 따라 정치가에게 요구되는 역할도 변해가고 있습니다. 일본이 바뀌어야 한다는 생각에는 많은 이가 동의하고 있습니다. 그러나 어떠한 모습으로 바꾸어 가면 좋을지 명확하게 알지 못합니다.

언제든 길을 잃었을 땐 원점으로 되돌아가는 것이 철칙입니다. 국가란 무엇인가. 경영이란 무엇인가. 정치란 무엇인가. 기업이란 무엇인가. 오늘날과 같은 상황을 맞아 우리는 그 어느 때보다도 이러한 원론적인 물음에 대한 답을 갈구하게 됩니다. 그리고 또 하나 잊어서는 안 되는 것이 '경영자란 무엇인가' 라는 물음입니다.

경영자의 사명은 무엇일까요. 이익을 늘리는 것? 사업을 존속시키는 것? 경영자가 생각해야 할 중요한 문제임에 틀림없습니다. 하지만 그러한 것들은 기업의 사명이라고도 할 수 있습니다. 저희는 경영자 개인에게 좀 더 초점을 맞춰 생각해 보고자 합니다. '경영자란 무엇인가' 라는 물음은 바꾸어 말하면 '경영자는 어떠한 인간이어야 하는가' 라는 물음과도 같습니다.

우리는 이제껏 이 물음에 대해 깊이 생각해보지 않았는지도 모릅니다. 지금까지는 서양의 '매니지먼트'와 동양의 '덕德에 의한 경영' 사이를 왔다 갔다 하면서 수많은 경영 방식이 논의돼왔지만, 경영자 개인에게 포커스를 맞추는 일은 거의 없었습니다. 아무나 경영을 맡아도 경제성장의 순풍을 타고서 그럭저럭 회사가 괜찮게 굴러가던 시절이 오래도록 이어졌기 때문입니다. 경영자가 어떤 사람인지 굳이 따질 필요도 없었던 것이지요. 물론 창업형 경영자의 경우는 그 사람이 가지고 있는 우수한 기술이나 사업계획으로부터 회사가 출발하기 때문에 경영자 개인에게 주변의 관심이 집중됩니다. 다만 그 관심이 '경영자는 어떠한 인간이어야 하는가'라는 명제로 발전한 경우는 많지 않았습니다.

그러나 일본 기업의 상당수가 난관에 부딪힌 지금, '경영자란 무엇인가'라는 문제를 결국에는 자각하지 않을 수 없게 되었습니다. 이것이 우리가 이나모리 씨를 주목하는 이유입니다. 경영자 개인의 인간성을 중심으로 한 경영 스타일은 그만의 독특한 방식이라고 평가돼왔습니다. 하지만 이제는 많은 사람이 깨닫고 있습니다. 그것은 독특한 것이 아니라 오히려 경영자라면 누구나 보편적으로 추구해야 할 경영의 참된 자세라는 사실을 말입니다.

이나모리 씨가 말하는 '궁극의 리더십론'은 경영자를 변화시키고 기업을 발전시킵니다. 이를 몸소 보여주는 것이 세이와주쿠에서 경영을 배우는 경영자들입니다. 늘 자신을 채찍질하며 이나모리 씨에게 배운 대로 '누구에게도 지지 않을 만큼의 노력'을 해나가는 모습은 때로 감동적이기까지 합니다. 그러한 그들의 고군분투를 통해 참된 경영자란 무엇인지 함께 생각해 보면서, 일본 구석구석에서 매일같이 열심히 일하는 모든 중소기업이 힘을 내었으면 하는 바람을 담아 이 책을 펴내게 되었습니다.

1장은 이나모리 씨 자신의, 2장은 세이와주쿠에서 가르침을 받은 7인의 이야기를 담고 있습니다. 그리고 이를 통해 3장에서는 참된 경영자란 어떠해야 하는지 고찰해 보고자 합니다. 이 책을 계기로 '경영자란 무엇인가'라는 문제의식이 한층 깊어지기를 기대합니다.

| 차례 |

인人·덕德·경經하라

철학적으로 사고하라

저는 젊은 시절부터 인생에 대해 그리고 회사경영에 대해 철학적인 사고를 계속해 왔습니다. 제가 집에서 읽는 책은 전문 서적을 제외하고는 주로 철학 분야의 책입니다. 침대 옆에 쌓여 있는 것도 그러한 책들인데, 자기 전에 펼쳐 들고 읽곤 합니다.

인생이란 무엇인가. 인간은 어떠한 삶을 살아야 하는가. 줄곧 그런 철학적인 물음을 스스로에게 던지고 있습니다. 이러한 생각들은 젊은 시절부터, 거슬러 올라가면 초등학교 시절부터 시작되었습니다.

아직 전쟁 중의 일입니다. 우리 집안에는 대단히 비극적인 일이 있었습니다. 저는 가고시마에 살았는데,

집 뒤편에 자리한 별채에 작은아버지 부부가 살고 계셨고 슬하에 갓난아기도 하나 있었습니다. 그런데 작은아버지가 결핵으로 쓰러지셨습니다. 아버지는 형으로서 헌신적으로 동생을 간병했지만, 안타깝게도 그만 돌아가시고 말았습니다. 그리고 그 뒤를 따르듯이 작은어머니 또한 곧바로 결핵으로 세상을 떠나셨습니다.

그로부터 얼마 지나지 않아 막내 작은아버지도 결핵에 걸려, 쇼와 20년(1945년) 종전되던 해 가고시마에서 대공습이 있기 조금 전에 돌아가셨습니다. 돌아가신 막내 작은아버지가 앓아누운 바로 그 무렵, 초등학교 6학년이던 저 또한 결핵에 걸렸습니다.

이웃에 사는 사람이 '이나모리 씨네는 결핵 집안'이라고 말하더군요. 늘 곁에 있던 작은아버지 부부가 결핵으로 세상을 떠나시고 막내 작은아버지도 핼쑥한 얼굴로 아파 누웠으니, 다음은 내 차례라는 생각이 절로 들었습니다.

그러던 어느 날, 옆집에 살던 젊은 부인이 제 머리맡으로 와서 말했습니다. 늘 울타리 쪽을 향해 얼굴을 내밀고서 툇마루와 붙은 다다미 여덟 장짜리 방에 이불을 깔고 누워있는 저를 염려하며 "가즈오, 오늘은 기분이 좀 어떠니?" 하고 자주 말을 걸어 주셨던 분입니다.

"아줌마가 요새 이런 책을 읽고 있는데 너도 한번 읽어 보겠니?"

늘 누워있는 저를 걱정하며 젊은 부인이 가져다준 책은 종교법인 '생장의 집'의 창시자인 다니구치 마사하루 씨의 책이었습니다.

저는 그 책을 읽고 난생처음 종교적인 것을 접하게 되었습니다. 돌이켜 보면 그 일을 계기로 종교철학에 흥미를 가지기 시작한 것 같습니다. 그때부터 저는 여러 가지 책을 읽으며 철학적 사유를 키워나갔습니다.

한편 현실 속에서는 수많은 역경에 잇달아 부딪치면서도, 도망치지 않고 이를 극복해가는 과정에서 강한 의지와 확고한 철학을 갖추어 갔습니다. 그 역경이란 것은 예를 들면 경제적으로 힘들었던 대학생활이나 취직자리를 구하지 못해 노심초사하던 일 등입니다.

원래는 약학의 길을 걷고자 오사카대학 의학부 약학과에 시험을 쳤으나 그만 떨어지고 말았지요. 재수는 도저히 못 하겠기에 2차 시험이 있던 가고시마대학에 또다시 시험을 쳐 공학부에 들어갔습니다. 전쟁은 끝났지만 여전히 우리 가족은 가난했기 때문에 경제적으로 무리를 해가며 대학에 다녔습니다. 장학금 일부를 어머니께 드려 가족들의 식비에 보태도록 하면서 열심히 공부에 매진했습니다. 1지망이었던 대학에 못 간 것이 상당한 자극이 되어 정말 열심히 공부했습니다.

돈이 없으니 놀지도 못했습니다. 가진 것이라곤 시간뿐이었지요. 공부만 죽어라 해대니 성적은 우수했습니다. 결핵에 걸렸던 적도 있고 해서 화학의 힘으로 약을 개발하는 회사에 취직하길 늘 바랐고, 담당 교수님들도 모두 "이나모리라면 틀림없이 일류 회사에 취직할 수 있어" 하고 말씀하시면서 친히 추천까지 해주셨습니다. 그러나 마침 그 무렵은 한국전쟁이 있은 후 심한 불경기가 계속되던 시기였습니다. 대기업에서는 특별한 연줄이라도 있지 않은 이상 사람을 뽑지 않는 상황이어서 취직도 마음먹은 대로 되지 않았습니다.

만약 그때 좋은 회사에 들어갔다면 이후의 제 인생은 전혀 다른 모습이었을 테지요. 철학에 대해서도 그 이상은 관심을 두지 않았을 것입니다. 아마도 입신출세를 목표로 연구든 기술개발이든 대기업 엘리트집단 속에서 열심히 달렸겠지요. 하지만 저는 가혹한 현실을 살아내야만 했습니다. 그리고 다행스럽게도 그러한 상황을 극복하기 위해 제 자신을 갈고닦았고, 그것이 훌륭한 철학을 갖추는 데 필요한 자양분이 되어주었습니다.

이제 저는 여든을 넘겼습니다. 저보다 스무 살 젊은 60대들의 청년 시절은 훨씬 회사가 안정적이었고 경기도 좋았던 때입니다. 그 시절엔 머리가 좋고 능력이 우수하면 좋은 대학에 입학할 수 있었고 졸업 후에는 좋은 회사에 입사할 수 있었습니다.

하지만 그런 인생 속에서는 고난과 마주할 일이 없으니, 철학을 공부한다고 해도 기껏해야 논어를 조금 맛보는 정도로 그칠 테지요. 논어에 대해 이야기할 수는 있어도 실상 그 소양을 갖춘 이는 드뭅니다. 철학적 가르침을 실천하는 인생을 살고 있지 않기 때문입니다. 자신만의 확고한 인생관과 가치관을 가지고서 '이렇게 살아야만 한다'고 부하직원들에게 자신 있게 말할 수 있는 이는 아마 거의 없을 것이라 생각합니다.

제가 그렇게 할 수 있는 이유는, 어렸을 적에도 청년 시절에도 그리고 회사에 취직하고 나서도 늘 성장과정에서 역경과 마주했고, 그때마다 철학적 사유를 통해 극복방법을 모색하면서 제 나름의 인생관과 가치관을 구축해왔기 때문입니다. 그리고 언제나 그러한 철학적 사고를 통해 직원들을 이끄는 경영을 해왔습니다. 힘든 상황들을 겪을 당시에는 '왜 내가 이렇게 힘들게 고생을 해야 하나' 하고 원망 섞인 불평을 늘어놓은 적도 있습니다만, 지금 와 새삼 생각해보면 제 인생에 그런 훌륭한 고난과 역경이 주어졌음에 감사하며 넙죽 절이라도 하고 싶은 심정입니다.

그러니 인간은 고난에 직면하면 거기서 도망치는 것이 아니라 정면에서 문제를 마주하여 성장을 위한 발판으로 삼아야 합니다. 고난은 어떻게 받아들이느냐에 따라 마이너스 요소가 될 수도, 플러스 요소가 될 수도 있는 것입니다.

만약 지금 이 순간 굉장히 힘든 상황에 놓여 있다면, 그 상황을 정면으로 마주하십시오. 그것이 강하게 나를 성장시켜줄 '입에 쓴 약'이라 생각하십시오. 그리고 누구에게도 지지 않을 만큼 필사적으로 노력해야 합니다. 오늘날 일본 기업이 정체돼있는 이유는 일본의 경영자들, 특히 대기업 경영자들에게 이러한 철학적 사고가 결여돼있기 때문이라는 것이 제 생각입니다.

불요불굴의 정신을 가져라

우리를 둘러싼 경제 환경이 결코 좋다고는 말할 수 없을지 모릅니다. 하지만 뭐든지 좋은 점이 있으면 나쁜 점 또한 얼마든지 있는 법이지요. 일본 전체가 호경기를 맞아 경제적으로 윤택했던 때를 제외하면, 경기가 좋았다가 나빴다가 하는 것이 정상입니다.

특히나 중소기업들 입장에서는 사업하기 좋은 환경이었던 적이 거의 없었을 겁니다. 외부로부터 지원을 받는 일도 매우 드물고요. 그럼에도 경영자 여러분들은 직원들과 함께 열심히 노력해서 회사를 이만큼 일궈놓지 않았습니까. 좋은 환경의 덕을 본 적이 어디 한 번이라도 있었나요?

다시 말해, 경영자가 신문이나 잡지에서 떠드는 분위기에 휩쓸려 '요즘 경기가 안 좋다'는 생각을 가지는 것 자체가 자기 회사를 정체시키는 원인이 되는 것입니다.

기업경영이라는 것은, 프로펠러가 달려있어 하늘을 날 수 있는 자전거를 타고 있다고 상상하면 됩니다. 쉴 새 없이 페달을 구르다가 잠시라도 멈추게 되면 그 즉시 중력으로 인해 땅으로 곤두박질치고 맙니다. 경제환경이 나쁘다는 것은 자전거를 자꾸만 아래로 아래로 끌어내리는 힘이 작용하고 있다는 의미입니다. '경기가 안 좋아서 틀렸다'고 내뱉는 그 순간 곧장 바닥으로 떨어지는 겁니다.

회사라고 하는 자전거는 항상 공중에 떠 있습니다. 지상에서 조금 떨어진 곳을 맴도는 자전거들이 중소기업이고, 페달을 힘껏 밟아 더 높은 곳으로 올라간 자전거들은 중견기업과 대기업입니다. 중소기업의 경우는 '이제 이 정도 올라왔으면 됐겠지' 하고 안주해버리기 때문에 그 자리에 있는 겁니다.

중소기업은 지면에 가까이 있으니 늘 필사적으로 노력하지 않으면 도산합니다. 그것이 중소기업의 숙명이지요. 경기가 좋지 않다고요? 중소기업 경영자가 그런 약한 소리를 해서야 되겠습니까. 좀 더 용기를 가지고 헤쳐 나가야지요. 한 치 앞도 보이지 않습니까? 앞이 안 보이면 안 보이는 대로 괜찮습니다. 오지 않은 미래는 걱정하면서 왜 지금 이 순간 최선을 다해 페달을 밟으려 하지 않습니까?

우선 사장이 열심히 발을 구릅니다. 하지만 혼자서는 무거워서 앞으로 잘 나가지 않지요. 그러니 다섯이든 열이든 직원이 있다면 그들도 사장과 한마음이 되어 모두 같이 페달을 밟아야 합니다. 사장이 '지금 힘든 상황이지만 까짓것 힘내서 이겨내 보자' 하고 결의를 다지면 그와 동시에 직원들도 사장과 똑같은 마음으로 일할 수 있도록 어떻게 이끌어 줄 것인가. 이것이 중요한 점입니다.

그리고 그저 열심히 발만 굴러대는 것이 아니라 어떻게 하면 더 잘 구를 수 있을지, 어떻게 하면 더 위로 올라갈 수 있을지를 생각해야 합니다. 그것은 누가 가르쳐주는 것이 아니라 바로 지금 당신이 하고 있는 일 속에서 온갖 가능성을 탐색해가는 가운데 비로소 찾게 되는 것입니다.

창의적인 아이디어를 바탕으로 한 필사의 노력. 사장뿐만 아니라 직원들까지 모두 하나가 되어 그와 같은 노력을 계속한다면 반드시 더 높은 하늘을 향해 올라갈 수 있습니다.

단 중소기업의 문제는, 열심히 더 열심히 일하라고 사장이 아무리 외쳐도 직원들이 좀처럼 따라주지 않는다는 데 있습니다. 늘 사장 혼자 겉돌지요. 사장이 답답한 마음에 호통을 치기라도 하면 직원들 마음은 점점 더 멀어지게 됩니다. 모두가 힘을 합쳐야 할 때인데 그게 생각만큼 쉽지 않은 경우가 다반사입니다.

저 또한 그러한 경험이 있습니다.

사실 제가 회사를 설립한 목적은, 처음에는 이나모리 가즈오의 기술을 세상에 알리기 위해서였습니다.

대학 졸업 후 입사한 교토의 쇼후공업에서 맡았던 연구가 대단히 좋은 성과를 냈습니다. 그 결과 마쓰시타 전자공업(현 파나소닉)에서 의뢰를 받아 TV 브라운관에 들어갈 부품을 만들게 되었지요. 그렇게 열심히 일에 몰두하고 있던 어느 날, 히타치제작소로부터 어떤 제품을 좀 만들어 줄 수 있겠느냐는 흥미로운 제안을 받았습니다.

미국의 GE가 개발한 세라믹 진공관을 히타치에서도 제작하려 하는데, 이에 필요한 중요 부품을 일본 국내에서는 저밖에 만들 수 없다는 말을 듣고 일부러 찾아와주신 것입니다. 물론 기쁜 마음으로 의뢰를 받아들였습니다만, 요구 조건이 까다로워 개발이 쉽지 않았습니다.

그러던 중 기술부장이 '네 실력으로 그걸 만들 수 있을 리가 없다'고 말했습니다. 다 망해가는 회사였지만 그래도 명문 교토대학 출신들이 기술부문의 대부분을 차지하고 있었습니다. 그에 비해 저는 시골 대학 출신이었고요. 그런 이유에서였을까요. 기술부장이 이렇게 말하더군요.

"자네는 이 연구에서 빠지게. 우리 회사엔 자네 말고도 뛰어난 기술자가 얼마든지 있으니, 앞으로는 그 사람들에게 연구를 맡길 거네."

저도 울컥 화가 치밀어, 젊은 혈기로 그만 기술부장에게 이렇게 말해버렸습니다.

"아, 그러십니까? 그렇다면 저는 회사를 그만두겠습니다."

그런데 제가 개발한 제품이 마쓰시타전자공업에 계속 납품되고 있으니, 제가 회사를 그만두면 앞으로는 납품에 곤란을 겪게 되겠지요. 이에 사장을 비롯한 모든 직원이 퇴사를 만류하였습니다. 지금보다 처우를 개선해주겠다고 하는 등 여러 가지 조건을 제시해왔지만, 남아일언중천금. 저는 회사를 나가기로 했습니다.

회사를 떠나, 이제부터 어떻게 해야 할지 생각했습니다. 얼마 전 이 회사에 기술을 배우러 와 있던 파키스탄 사람이 떠올랐습니다. 그는 라호르Lahore라고 하는 파키스탄의 대도시에서 절연용 애자碍子(전선의 절연을 위해 전봇대 등의 구조물에 부착하는 지지물－옮긴이)를 만드는 도자회사 사장의 자제였는데, 한 달 정도 저와 같은 연구실에서 일했습니다. 그는 귀국할 때 제게 파키스탄으로 와주었으면 좋겠다고 하더군요. 지금은 독일인 기술자가 기술부를 맡고 있긴 하지만, 꼭 제게 그 자리를 맡기고 싶다고요. 저는 문득 그의 말을 기억해 냈습니다.

당시에는 그 제안을 거절했었지만, 부장과 다투고서 회사를 나가겠다고 큰소리를 쳐놓았으니 어쩔 수가 없지요. 지금이라도 파키스탄에 가도 되겠느냐고 그에게 편지를 쓰니, 언제라도 환영한다는 답장이 왔습니다. 이에 안심한 저는 그때부터 파키스탄으로 가서 일할 생각으로 있었습니다.

그런데 예전에 상사로 모시던 분께 그 이야기를 하니 "이나모리 자네, 지금껏 일본에서 열심히 해왔는데 아깝지 않은가" 하고 강하게 만류하셨습니다. 그리고는 한 회사의 임원으로 있던 자신의 대학 동기에게 "괜찮은 젊은이가 하나 있는데 어떻게든 돈을 좀 투자해

줄 수 없겠나" 하고 부탁을 해주셨습니다.

또 가고시마대학 재학 시절에 정말 많은 도움을 주셨던 교수님께 파키스탄으로 가려 한다고 이야기하자 역시나 말리셨습니다. 그 교수님은 도쿄대학에서 전기화학을 전공한 뒤, 중국으로 건너가 압록강 발전으로 얻어지는 전기를 이용하여 대규모 화학공장을 세우신 대단한 분입니다. 전후에 일본으로 돌아온 뒤 레드 퍼지red purge(전후 일본에서 공산주의자와 그 동조자를 직장·공직에서 추방한 공산주의자 숙청 운동—옮긴이)에 걸렸다가 이후 해제되어 가고시마대학 교수가 되셨지요. 교수님께서는 틈만 나면 교토로 저를 찾아오셔서 "이나모리, 파키스탄으로 가선 안 되네. 그렇게 훌륭한 연구를 애써 여기까지 끌고 왔으니 앞으로도 일본에서 그걸 살려야 하지 않겠는가" 하고 설득하셨습니다.

이러한 분들이 저를 위해 회사를 만들어 주겠다고 나섰습니다. 처음부터 독립하여 회사를 차릴 생각이 있었던 것이 아니라, 어쩌다가 싸우고 회사를 그만두게 되었을 때 몇몇 고마운 분들의 지원을 받아 회사를 만든 것입니다. 당시 저는 돈이 한 푼도 없었기 때문에 자본금 3백만 엔과 차입금 천만 엔을 모두 그분들께서 마련해 주셨습니다.

봉급쟁이 신분으로는 훌륭한 기술을 개발한다 해도 파벌 등에 밀려 사내에서 인정을 받지 못하는 경우도 있습니다만, 내 회사라면 그럴 걱정이 없지요. 기술부장은 제가 해내지 못할 거라고 무시했지만, 내 회사라면 누구의 눈치도 보지 않고 마음껏 나의 기술을 세상에 알릴 수가 있습니다. '이나모리 가즈오의 기술을 세상에 선보이는 것.' 창업 당시 저의 경영 목표는 바로 이것이었습니다.

창업 첫해에 중졸 직원 20명을 채용하고 2년째에 고졸 직원 11명을 채용하여 수십 명 규모의 회사가 되고 나니, 직원들이 제게 여러 가지 불만 사항이나 미덥지 못한 점들을 이야기하기 시작하더군요. "생긴 지 얼마 안 되어 직원 식당이고 뭐고 아무것도 없는 이런 회사에 과연 미래가 있느냐"고 말이지요.

그때 문득 깨달았습니다. 이제 막 회사에 들어온 직

원들이 '나의 미래를 보장해 달라'고 호소하는 그런 회사로는 안 된다는 것을 말입니다.

저는 이나모리 가즈오의 기술을 세상에 알리기 위해 회사를 만들었지만, 그건 정말 잘못된 생각이었습니다. 가장 중요한 것은 '그 안에 사는' 직원들이 이 회사에 들어오길 정말 잘 했다고, 분명 앞으로의 생활도 안정적일 것이라고 생각할 수 있는 회사로 만드는 것. 나의 기술을 세상에 알리는 것은 직원들이 행복해진 그다음에 따라오는 것이지, 그것이 목적이 되어선 안 되는 것이었습니다. 이러한 생각을 갖게 된 뒤 창립 3년째에 교세라는 '물심양면으로 전 직원의 행복을 추구한다'는 기업이념을 내세우게 됩니다.

저는 위기에 빠진 JAL의 재건사업에 임할 때에도 그와 같은 이념을 내걸었습니다. 회장 취임 후 JAL의 간부들에게도 이렇게 말했지요.

"회사를 경영함에 있어 확고한 철학을 가지지 않으면 안 됩니다. 구체적으로는 '물심양면으로 전 직원의 행복을 추구하는 것'이 바로 그것입니다. 파산한 JAL이 다시 일어서기 위해서는 오직 그 길밖에 없습니다. 오늘날과 같은 자본주의 사회 속에서는 주주가치를 최대화하는 것이 경영의 목적이라고들 합니다만, 교세라는 뉴욕증시에 상장되었어도 지금껏 이와 같은 철학을 고수하고 있습니다. 그리고 저는 JAL에서도 그렇게 해나가고 싶습니다. 직원의 행복을 JAL의 경영철학으로 삼아 다 함께 일치단결합시다.”

이렇게 저의 경영철학을 JAL의 간부들과 공유해갔습니다.

그때까지 JAL은 일본을 대표하는 내셔널 플래그 캐리어National Flag Carrier(한 나라를 대표하는 항공사─옮긴이)라는 이유로 관료가 회사의 중책을 맡는 등, 이른바 엘리트 집단이 경영을 좌지우지하던 곳입니다. 직원들은 이미 하나같이 회사에 대한 불신이 깊어질 대로 깊어진 상태여서, '이 회사는 직원 따위 안중에도 없다'는 생각을 가지고 있었지요.

그런 상태에서 JAL은 절체절명의 위기를 맞았고, 회

사를 살리기 위해 그곳에 가게 된 저는 지금까지와는 180도 다른 가치관으로 직원들을 마주했습니다. 기존의 관료주의 이데올로기에 강한 의구심을 품고 있던 JAL의 노동조합 지도자들은 별개로 치더라도, 관련 회사들까지 포함해 JAL에 남아있던 3만 명이 넘는 직원 중 90퍼센트 이상은 분명 저의 경영이념을 듣고 귀를 의심했을 겁니다. '이번에 새로 온 회장은 진짜로 우리 직원들을 행복하게 한다는 그 한 가지 목적으로만 경영을 한다는 건가?' 하고요.

물론 저의 이런 생각을 처음부터 모두가 이해해준 것은 아니었겠지요. 처음에는 저를 의심했을지도 모릅니다. 하지만 생각해 보십시오. 제 입으로 말하기도 좀 뭣합니다만, 자신들의 행복을 추구한다는 그런 경영이념을 내세우며 아침부터 밤까지 필사적으로 동분서주하고 있는 사람이 이제 곧 여든을 바라보는 노인네란 말입니다. 게다가 어떤 보수도 받지 않고요.

이나모리 가즈오라는 한 사람의 노인에게 JAL의 회생은 아무런 이득도 되지 않습니다. 그런데도 밤늦게까지 직원들 앞에서 간곡한 마음을 담아 이야기를 합니다. 그리고 간부들을 모아놓고 '경영이란 이러해야 한다'고 강의도 합니다. 그런 모습들이 많은 직원의 마음을 움직인 것이 아닐까요?

현장에 나가 승무원들과 이야기를 나눴습니다. 모두들 친근함이 느껴지는 아름다운 미소로 저를 반겨주었고, 눈물을 글썽이며 제 이야기를 열심히 듣는 이들도 많았습니다. 비행기를 안전하게 운행하기 위해서는 물론 작은 부품 하나도 소홀히 취급해서는 안 됩니다만, 현장에 나가 살펴보니 필요 이상으로 낭비되고 있는 것들이 상당히 많더군요. 작업복으로 갈아입고 정비공장으로 들어가서 정비사들에게도 신신당부했습니다. 이 정도 중장비를 가지고 비행기 엔진을 정비하는 일은 굉장히 중요한 일임에 틀림없지만, 그렇다고 해서 비용을 아낌없이 들이부어도 되는 건 아니라고 말이지요.

그렇게 한 노인이 자신들에게 필사적으로 새로운 가치관을 심어주려 노력하고 있습니다. 이런 제 모습을 본 대다수의 직원은 바뀔 수밖에 없었다고 해야 맞을 겁니다. 제 스스로 그렇게 연출하려고 의식한 것은 아니지만, 결과적으로 그것이 훌륭한 무대장치가 되어준 것입니다.

직원들은 점차 'JAL은 우리들의 회사' 라는 인식을 갖게 되었고, 그때부터 저와 함께 필사적으로 노력하기 시작했습니다. 동시에 최고위 간부에서 말단 직원에 이르기까지 모두가 각자의 자리에서 뼈저리게 반성도 했습니다. 지금까지 얼마나 소모적이고 체계 없는 경영을 해왔는지 말입니다. 이리하여 누가 시키지 않아도 직원들 스스로가 주체적으로 노력하고 잘못을 고쳐나가게 되었고, 그것이 기적적인 실적 회복으로 이어진 것입니다.

온 힘을 다하면 이 늙은이도 몇 만 명이나 되는 직원의 마음을 움직일 수 있습니다. 그러니 중소기업 경영자가 스무 명, 서른 명 남짓 되는 직원을 내 편으로 만들지 못할 리가 없습니다.

경영자에겐 자신의 회사를 지키고 발전시켜갈 책임

이 있습니다. 무엇을 위해 회사를 지키고 키워갈까요. 바로 회사 안에 있는 수많은 직원의 생활을 지키기 위해서입니다. 이것이야말로 경영의 참된 목적입니다. 더 극단적으로 이야기하면, 경영자는 오로지 직원들을 행복하게 하기 위해서 회사를 지키고 키워간다는 사명을 가지고 있는 것입니다. 그것이 전부라 해도 과언이 아니지요.

그러나 실상은 직원들을 싼 값에 부리면서 '내 회사가 번 돈이니 다 내 것이다' 하며 사치를 일삼는 경영자들도 많습니다. 직원들이 '우리는 이나모리 집안 가업이나 번영시켜주고 있다' 던가 '사장이 놀러 다닐 돈이나 벌어주고 있다' 는 식으로 생각하는 한 무얼 해도 회사는 제대로 굴러가지 않습니다.

"직원 여러분, 사사로이 돈을 벌고자 함이 아닙니다. 이제부터는 경영에 대한 모든 내용을 공개하겠습니다. 여러분이 기쁜 마음으로 일할 수 있도록 회사를 개선해나가겠습니다" 하고 말해, 직원들이 그 힘을 회사의 발전을 위해 쓸 수 있도록 바꿔가야 합니다. 앞으로는 아무리 작은 성과라도 전 직원과 함께 나누려는 생각을 가져야 합니다. 사리사욕으로 경영하는 것이 아니라, 이제부터는 직원들의 행복을 위해 회사를 경영하겠다는 사고방식을 가지십시오. 그러기 위해서는 직원들을 단순한 고용인이 아닌 파트너, 동료로서 인정해야만 합니다. 그리하여 전 직원의 힘을 한데 모은다면 일은 얼마든지 들어오게 되어 있습니다.

'요즘 세상에 선반기 제조업 같은 걸 해봤자 무슨 소용이냐' 하며 포기하고 있는 분이 있을지도 모르겠습니다. 그러나 선반기 제조업도 더욱 기술을 연마하여 여러 가지 가공이 가능하도록 만든 다음 열심히 일거리를 찾으면, 주변에서 제작을 부탁해 오는 이가 얼마든지 있을 수 있다고 생각합니다.

어떤 회사든 그들이 가장 잘 할 수 있는 특기가 있을 겁니다. 예를 들어 생명보험사에는 가장 많은 보험 계약을 성사시킨 영업사원을 표창하는 제도가 있지요. 사실 최고의 실적을 올리는 직원은 해마다 거의 같은 사람입니다. 저는 생명보험만큼 팔기 어려운 상품은 없다고 생각합니다. 그도 그럴 것이, 가입자인 내가 죽어야 돈을 받을 수 있으니까요. 병에 걸렸을 때 약간의 환급금이 있기는 해도 기본적으로는 계속 돈을 지불하기만 하는 셈이지요.

그래도 계약 건수가 일등인 영업사원은 잘 팔지요. 자신만의 독창적인 아이디어를 생각하고, 또 분명 멋진 미소도 지을 줄 알 겁니다. 예상 가입자를 방문하게 되면 그 집 아이에게 줄 과자 한 봉지라도 챙겨가는 등, 보험가입을 성사시키기 위해 여러 가지 일을 하고 있을 테지요. 만약 그 사람이 보험회사를 그만두고 중소기업을 세운다고 합시다. 생명보험을 팔건 화장품을 팔건 기본은 모두 같으므로 그 사람은 분명 성공할 거라 생각합니다. 경제 환경이 좋다 나쁘다 하는 것은 아무런 상관이 없습니다.

만약 이렇다 할 특기가 없는 사람일지라도, 누구에게도 지지 않을 만큼 열심히 노력하면 어떻게든 됩니다. 가령 누군가 제게 지금 당장 직원 몇 명을 데리고 라면가게를 차리라고 한다면 저는 훌륭히 해낼 자신이 있습니다. 라면가게든 우동가게든 혹은 다른 어떤 것이라도 창의적인 아이디어와 노력만 있다면 어렵지 않습니다. 그런데 아이디어를 내보려고도 하지 않고, 그렇다고 직원들에게 일할 의욕을 심어주는 것도 아니고, 대체 어쩌자는 겁니까. 독하게 들릴지도 모르겠지만, 사업이 힘들다고 징징대기만 할 뿐이지 정작 아무것도 안 하고 있지 않습니까.

만약 제가 라면가게를 낸다면 우선 1, 2년간은 맛있기로 소문난 라면가게를 돌며 일을 시켜달라고 할 겁니다. 아침 일찍부터 밤늦게까지 설거지든 뭐든 시키는 대로 다 하면서 죽기 살기로 주방장 솜씨를 눈으로 보고 익힙니다. 한 달이 지나면 다음 가게로 옮겨 또 보고 익힙니다. 열 곳 정도 돌고 난 뒤 어떻게 맛을 내서 어떻게 팔아야 할지 감을 잡았다면, 임대료가 싼 점포 하나를 빌려 열심히 라면을 만들면 됩니다.

저는 어떠한 업종의 중소기업에도 흥미가 있습니다. 제게 회사를 맡기면 금세 이익을 낼 자신이 있습니다. 해외로 나가 사업을 전개한다는 선택지도 있겠지요. 중소기업의 경우, 물품 납입처들이 해외에 많이 나가 있다 보니 '귀사도 해외에서 제품을 만들어 공급해 주십시오' 하는 요청을 많이 받을 줄로 압니다. 해외로 나가볼까 하는 생각이 든다면 어설프게 하지 말고 현지에 나가 완전히 정착하는 것이 좋습니다. 무엇이든 하기로 마음먹었으면 철저하게 해야 합니다.

교세라도 회사 설립 10년째에 미국에 거점을 마련했습니다. 우리가 취급하고 있던 세라믹스는 당시엔 아직 대중적인 제품이 아닌 특수한 재료였기 때문에 판매처가 도시바나 히타치제작소와 같은 대규모 전기·전자기기 제조회사, 그것도 연구부문에 한정되어 있었습니다. '이런 특성을 가진 재료를 개발했는데 귀사의 연구에 사용해보시면 어떻겠습니까' 하고 제안하며 판매처를 확대하려 열심히 발로 뛰었지만, 우리 같은 영세한 중소기업 제품을 일본 대기업들은 쉽사리 채택해 주지 않았습니다.

하지만 미국이라면 좀 더 공정하게 평가받을 수 있으리란 생각이 들어, 판로 확장을 위해 미국으로 가게 되었습니다. 처음에는 전혀 팔리지 않았습니다. 그래서 영어 회화가 가능한 간부와 함께 힘을 합쳐 정말 필사적으로 판매처를 개척했습니다. 그리고 마침 반도체 산업의 부흥기와도 맞물려 여러 곳에서 제품 주문이 들어오게 되었습니다.

이렇게 주문량이 늘어남에 따라 캘리포니아주 샌디에이고에 있던 공장 하나를 매수하여 독립된 생산거점을 확보하게 된 것입니다. 대여섯 명의 기술자를 선발해 교토에서 미국으로 전근을 보냈습니다. 저도 두 달에 한 번은 미국에 건너가 거래처를 순회하고 그 길로 공장에도 항상 들렀는데, 공장 가동 초기에는 생산이 생각처럼 원활하게 이루어지지 않아 큰 문제였습니다.

일본에서 건너간 직원들과 미국 현지 직원들은 언어와 생활습관이 서로 많이 달라 늘 의사소통이 제대로 이루어지지 않았습니다. 그때는 일본이 전쟁에 패한 지 아직 그리 오래 지나지 않은 데다, 샌디에이고에는 해군과 해병대 기지가 있어 전쟁 당시 오키나와 전선에서 싸웠던 직원들도 많았습니다. 전쟁에 패배한 일본인이 경영하는 회사에서 일한다는 것이 마음에 들지 않았는지, 말다툼이 생기면 '이런 잽Jap(미국인이 일본인을 경멸하여 부르는 말−옮긴이)!' 하고 내뱉는 이도 있었지요.

제가 힘든 일을 맡기는 바람에 타지에서 생고생을 하고 있는 우리 직원들의 마음을 달래주고 싶었습니다. 그래서 주말에 함께 낚시를 가자고 제안했습니다. 샌디에이고 항에서 배를 타고 먼 바다로 나가니 꽁치가 잘 잡히더군요. 잡은 생선을 가지고 돌아와 다 같이 회를 떠서 옛이야기도 주고받으며 즐겁게 먹고 마시고 했던 추억이 있습니다.

하지만 저는 일주일 정도 미국에 머무른 뒤 곧 일본으로 돌아가야 했습니다. 샌디에이고 공항에 직원들이 배웅을 나와 주었는데, 그중에는 일본이 그리워 눈물을 보이는 이들도 있었지요. "자네 힘을 내야지" 하고, 저는 그저 격려의 말 한마디를 건넬 수밖에 없었습니다.

저도 그렇고 직원들도 그렇고, 그동안 정말 애 많이

썼지요. 그야말로 무서울 정도로 노력했습니다. 해외 사업을 성공시킬 수 있는 요령 따윈 없습니다. 해외로 나가야만 한다면, 각오를 단단히 하고 일단 갑니다. 그 다음은 그저 죽을힘을 다해 열심히 할 뿐이지요. 해외에 나가기도 전부터 이러쿵저러쿵 어려운 이유만 늘어 놓아도 별수 없습니다. 그저 안이하게 '어렵다'는 한 마디로 미리 장막부터 쳐버리지 말고 어찌 됐든 가보는 겁니다.

우리들 인간은 늘 많은 생각을 하며 삽니다. 하지만 저는 그중의 상당수가 망상이라고 생각합니다. 지금 눈앞에 절벽이 있어 더 이상 나아갈 수 없다고 제멋대로 그리 상상하지만, 사실은 절벽이 아니라 그저 창호지 한 장 달랑 붙어있을 수도 있는 겁니다. 저는 젊은 시절, 부하직원으로 있는 기술자들에게 늘 이렇게 말했습니다.

"어째서 뚫고 나갈 수 있다는 마음을 갖지 않는 건가? 손가락에 침을 묻혀 한번 뚫어보기라도 해야지. 눈앞에 있는 게 창호지라면 금세 구멍이 뚫릴 게 아닌

가. 그런 시도조차 해보지 않고서 처음부터 불가능하다고 생각하지 말게."

이와 같은 경우가 너무나 많습니다. 만약 내 눈앞에 있는 벽이 정말로 바위나 콘크리트여서 도저히 뚫을 수가 없다면, 그땐 어떻게 그 벽을 기어오를지 생각해내면 됩니다. 일단은 시도해봐야지요.

오늘날 일본의 제조업이 사양길로 접어든 듯 보이는 이유는 결국 기업의 리더들이 변했기 때문일 것입니다. 그 증거로 삼성이나 LG와 같은 한국의 기업들은 지금도 일본 기업에서 정년퇴직한 기술자들을 대거 채용하고 있습니다. 일본의 제조업 현장은 아직도 그 질이 조금도 떨어지지 않았습니다. 단지 기업을 경영하는 리더들이 고생이라곤 모르는 엘리트 집단일 뿐입니다. 미국에서 경영학 학위를 취득했다고는 해도 그저 이론이나 테크닉만 배워왔지 제조업을 제대로 이해하고 있지 못합니다. 그런 사람을 데려다가 우수한 인재라며 경영을 맡기지요.

제조업이란 본래 좀 촌스러운 것입니다. 현장에서 땀 뻘뻘 흘려가며 훌륭한 제품을 만들어 온 이들의 의견을 무시하고 업신여긴다면 경영 같은 건 불가능합니다. 수많은 히트상품을 만들어 온 미국의 애플사는 자사에서 직접 제조를 하지는 않습니다만, 어떻게 회로를 설계하고 어떻게 성능을 향상시킬지를 늘 열심히 궁리합니다.

애플은 중국에서 제품을 생산하고 있는데, 제품 내에 들어가는 부품의 상당수가 일본 제조업체들의 것입니다. 일본에는 그만큼의 기술력이 있습니다. 그러나 애플과 같이 상품과 서비스를 기획, 조정할 사람이 없었던 것이지요.

일본의 제조업은 전혀 뒤떨어지지 않았습니다. 중소기업 경영자들처럼 이 악물고 한번 해보려는 근성 있는 경영자가 대기업에서도 나와 주었으면 좋겠습니다. 기술력 저하의 문제가 아닙니다. 오로지 경영자의 의식개혁이 필요한 문제입니다.

사상가인 나카무라 덴푸는 이런 말을 남겼습니다.

'새로운 계획의 성취는 오직 불요불굴의 마음에 달렸음이라. 그러니 염원하고 또 염원하라. 고고하게, 강하게, 한결같이.' 새로운 계획을 성취하려 한다면 화살이 날아와도 피하지 않는 불요불굴의 정신을 가져야 합니다. 그리고 한 점 부끄러움 없는 순수한 열망을 품어야 합니다. 그렇지 않으면 뜻하는 바를 이룰 수 없습니다.

이러한 정신을 대기업 경영자에게서는 찾아볼 수가 없습니다. 불경기 탓이라고요? 우리 회사엔 그런 기술이 없기 때문이라고요? 이 무슨 말입니까. 기술이 없는 게 당연하지 않습니까. 오늘날 일본의 경기 침체는 다름 아닌 의지가 결여된 경영자들 탓입니다.

대의를 품어라

인간이란 마음속에 그린 것을 동기로 하여 행동하는 존재입니다. 생각하지 않은 것을 실행에 옮기지는 않지요. 일차적으로 어떠한 행동의 동기가 되는 것이 바로 욕망입니다. 욕망은 인간의 본능 중에서도 가장 강한 것입니다.

흔히 창업형 경영자들은 이러한 욕망이 보통 사람보다 강하다고들 이야기하는데, 아마 실제로 그러할 것입니다. 회사를 세우고 경영을 한다는 것은 일반적인 회사원들에 비해 상당한 에너지와 노력을 필요로 하는 일이기 때문이지요. 그러한 리스크를 감수하게 만드는 동기란 결국 '욕망' 일 겁니다.

많은 이가 '경영자가 되어 돈을 많이 벌고 싶다'는 사리사욕이 동기가 되어 회사를 세웁니다. 빨리 돈을 벌어 부자가 되고 싶다는 강한 욕망에 사로잡힙니다. 평소에 그다지 욕심을 드러내지 않는 사람이라도 마음속에는 역시 욕망이 자리하고 있을 것이라 생각합니다.

하지만 이렇게 사리사욕의 마음으로 '떼돈 한번 벌어보자' 하고 사업을 시작하면 어떻게 될까요. 오로지 돈을 모으려는 욕망만이 머릿속에서 지나치게 커져 버린 탓에 사업이 자꾸만 난관에 부딪치게 됩니다. 예를 들면 근거도 없는 돈벌이 이야기에 속아 넘어가거나 사람들에게 사기를 당하는 일 같은 것이지요. 사람은 욕망의 힘으로 성공을 거머쥐기도 하지만, 반대로 욕망으로 인해 파멸하기도 합니다. 욕망으로 움직이는 인생은 파란만장하기 마련입니다.

그렇다면 어떻게 해야 할까요. 여기 욕망을 대신할 수 있는 또 하나의 동기가 있습니다. 사람의 마음을 움직이고, 위험을 무릅쓰고 행동으로 옮길 수 있도록 해주지요. 바로 마음속에 대의人義를 품는 것입니다. 예를 들어 '사회와 인류에의 공헌' 같은 것 말입니다. 그런 추상적인 목표가 어떻게 동기가 될 수 있느냐고 생각하실지 모르겠습니다.

제 경험을 한번 말해볼까요.

제가 제2전신전화주식회사(제2전전, 현 KDDI)를 설립하기 전까지, 일본 국내의 전화사업은 이른바 전전공사(일본전신전화공사, 현 NTT)라고 하는 하나의 기업이 독점하고 있었습니다. 때문에 모두들 울며 겨자 먹기로 늘 비싼 통신요금을 지불하고 있는 실정이었지요. 미국에 교세라의 자회사가 있었기 때문에 미국 내에서 장거리 전화를 종종 사용하고는 했는데, 미국의 전화요금은 일본에 비해 깜짝 놀랄 정도로 저렴했습니다.

제가 미국 서해안에 위치한 샌디에이고 공장에 들렀을 때, 우리 직원 하나가 마침 뉴욕으로 장거리 통화를 하고 있었습니다.

"자네 지금 누구랑 통화했나?"

"뉴욕 지사에 걸었습니다."

"무려 30분이나 통화를 하지 않았나. 전화요금이 얼마나 나올 줄 알고 그리 오래 붙들고 있는 겐가."

"얼마 안 나와요."

"무슨 말도 안 되는 소린가. 명세서 이리 가져와 보게."

명세서를 보니 장거리 통화료가 정말로 얼마 안 되더군요. 그 당시 저는 영업차 도쿄로 출장 가는 날이 잦았습니다. 공중전화로 교토에 전화를 걸 때는 도중에 전화가 끊기지 않도록 늘 10엔짜리 동전을 전화기 옆에 미리 수북이 쌓아두었지요. 장거리 통화료가 비싸니까 그땐 모두들 그렇게 통화를 하곤 했습니다.

미국과 일본의 통화요금에 이렇게나 큰 차이가 있다는 것을 저는 그때 처음 알았습니다. 바야흐로 정보화 사회가 도래하는 이때에 현재와 같은 전전공사의 독점 체제는 옳지 않다는 생각이 들었지요. 그러던 차에 마침내 일본에 통신 자유화가 시행되게 되었습니다. 이로써 경쟁 환경이 갖추어졌으니 앞으로는 통신요금이 저렴해지겠구나 하고 기대하고 있었습니다. 그러나 상대는 전전공사, 당시 매출 5조 엔을 기록하던 어마어마한 거대 기업입니다. 일본의 대기업들은 누구도 감히 통신회사를 세울 엄두를 내지 못했습니다. 기업들 간에 컨소시엄을 구축해서라도 전전공사에 대항해 주면 좋을 텐데, 누구 하나 나서는 이가 없었습니다. 그래서 제가 한번 해보기로 했지요. 저는 임원회를 소집하여 이렇게 말했습니다.

"이번에 우리 교세라에서 전전공사에 대항할 회사를 발족하려 합니다. 아마도 여러분은 저를 허황된 꿈이나 좇는 돈키호테라 여기시겠지요. 매출이 고작 이삼천억 엔밖에 안 되는 교토의 일개 중견기업인 교세라가 전전공사 같은 대기업에 대항한다니, 무모한 짓입니다. 네, 무모한 짓이라는 것은 저도 잘 알고 있습니다. 하지만 교세라에는 이천억 엔의 보유자금이 있습니다. 만약 제2전전을 설립한 뒤 천억 엔의 누적적자를 내어 더 이상 힘들겠다는 판단이 들면 그때는 손을 떼겠습니다. 그렇게 되면 교세라의 보유자금 중 천억 엔이 빠져나가게 되겠지만, 그래도 여전히 우리에게는 천억 엔이 남아있을 테니 회사가 이로 인해 흔들리는 일은 없으리라 생각합니다. 이번 사업으로 천억 엔을 그냥 날리게 될지도 모릅니다만, 이 사회의 정의를 위해서 무슨 일이 있어도 해내고 싶습니다. 회사를 도산시키는 일은 절대 없을 테니 믿어 주십시오."

그야말로 '사회와 인류를 위한' 일이었습니다. 오로지 일본 사회와 국민을 위해 통신요금을 낮추고 싶다는 일념 하나로, 마음속에 대의를 품고 무작정 뛰어들었습니다. 욕망 대신 대의가 저의 동기가 되어준 것입니다. 힘든 상황에 처했을 때 용기를 내고 고난과 위험에 맞서는 가장 손쉬운 방법은 욕망에 나를 내맡기는 것입니다. 그리고 그다음이 바로 대의를 가지는 것이지요. 이상적으로는 이러한 대의에 입각해서 회사를 설립하는 것이 옳다고 봅니다만, 수많은 창업자가 욕망을 따라 사업을 시작하니 대단히 탐욕적인 이가 많습니다.

단지, 동기가 사리사욕에 있건 대의에 있건 간에 사업을 전개하고 필사적으로 일에 몰두하는 과정에서 자기희생을 치르게 된다는 점은 같습니다. 큰 성공에는 큰 희생이, 작은 성공에는 작은 희생이 따르지요. 자기를 희생하려 하지 않는 이는 무엇을 해도 잘 해낼 수 없습니다. 이러한 자기희생에는 금전적인 것이 있는가 하면 시간적인 것도 있습니다. 가정도 돌보지 않고 쉴 새 없이 일하는 이들이 있지요. 사리사욕이 강한 사람일지라도 성공하고 싶다는 마음이 있으니 그에 상응하는 자기희생을 치릅니다. 그것이 자신의 욕심을 내려놓는 그런 종류의 희생은 아니지만 어찌 됐든 시간적인 자기희생을 치르고 있습니다. 누구든 자기희생을 수반하지 않으면 성공할 수 없는 것입니다.

창업하여 회사를 발전시킨다는 것은 이처럼 대단히 어려운 일입니다. 저도 젊은 시절에는 힘든 일을 많이 겪었기에 약한 소리를 한 적도 있었습니다. 혼자 있을 때면 늘 '이렇게 힘든데 이제 그만 사장 자리에서 물러나야겠다' 하고 생각했지요. 하지만 그런 생각이 들 때마다, '내가 이러면 안 되지' 하고 이내 마음을 다잡았습니다. 그런 나약한 마음을 발판 삼아 더욱 강하게 떨쳐 일어나곤 했습니다. 정말로 힘들고 책임이 막중한 일을 하다 보면, 어지간히 통달한 이가 아닌 다음에야 누구라도 죽는소리가 절로 나오지요. 나약한 소리를 하는 것 자체는 결코 나쁜 것이 아닙니다.

그러나 절대로 그런 말을 부하직원들 앞에서 하면 안 됩니다. 혼자 남은 밤에 남몰래 하십시오. 가족들 앞에서도 안 됩니다. 경영자는 주변에 미치는 영향이 대단히 큽니다. 모두에게 믿음을 주어야 할 경영자 본인이 불안해하고 흔들리는 모습을 주변에 보이게 되면 동요와 파문을 일으키므로 좋지 않습니다.

리더라는 존재는 늘 적극적인 마음을 가지고 있어야 합니다. 적극적인 마음이란 다시 말해 밝고 긍정적이며 강인한 마음을 말합니다. 상냥하고 아름다운 성품도 이에 포함되지요. 밝고 아름다운 마음과 모든 이를 배려하는 따뜻함. 그러한 것들을 마음속에 품은 이가 신념을 다해 노력한다면 반드시 그 뜻을 이룰 수 있습니다.

저는 세이와주쿠 학생들에게 이렇게 말하고는 합니다. "도저히 안 되겠다는 생각이 들 때, 바로 그때부터가 시작"이라고요. 그런데 정작 제 자신은 도저히 안 되겠다고 생각한 적이 사실 한 번도 없습니다. 사장직에서 물러나고 싶다고 했던 것은 도저히 못 하겠다는 의미가 아니라 스트레스를 풀기 위해 별 뜻 없이 입에 담는 말이었지요. 말하자면 제 스스로에게 건네는 위로이자 격려였습니다. '이제 틀렸다' 하는 상태까지는 가지 않았습니다. 그 지경이 되기 전에 온갖 수단과 방법을 총동원해 죽기 살기로 노력했으니까요. 사람들에게는 '이제 다 틀렸다는 생각이 드는 그 순간부터가 시작이다' 라고 말하며 격려를 해주지만, 사실은 거기까지 가도록 그냥 두면 안 되는 겁니다. 반드시 그 전에 손을 써 두어야만 합니다.

소극적인 사고방식, 예컨대 늘 불안에 떨거나 마음이 온통 불평불만으로 가득하고 더 이상 안 되겠다는 그런 부정적인 생각만 하고 있으면 정말 그 생각대로 일이 자꾸 꼬여 갑니다. 이것은 저뿐만 아니라 수많은 철학자와 사상가들이 말하는 진리입니다. 나약한 소리를 하는 것도 부정적 사고의 일종입니다. 약한 소리를 안 하려 해도 어쩌다 나도 모르게 튀어나오는 것까지는 어쩔 도리가 없지요. 나 혼자 있을 때, 회사를 그만두고 싶다는 생각을 할 수도 있습니다. 하지만 그런 나약한 마음이 들 때면 그 즉시 떨쳐내고 다시 나아가야만 합니다. '아니야, 내가 이래서는 안 되지' 하고 털고 일어나십시오.

스물일곱에 회사를 창업한 저는 30대에도, 그리고 40대 때도 힘들면 우는 소리를 하곤 했습니다. 그런데 50대에 접어들고부터는 어찌 된 일인지 그런 일을 찾아볼 수 없게 되었습니다. 저는 50대에 제2전전을 세웠고, 회사 원조와 현창사업을 관장하는 이나모리 재단을 설립했으며, 세이와주쿠를 열었습니다. 비슷한 시기에 큰일을 세 가지나 벌인 겁니다. 그것도 교세라 사장직을 겸임하면서요. 그 세 가지 일 모두가 개인의 욕망을 위해서가 아닌, 이 사회와 사람들을 위한 것이었습니다. 대의라는 것이 50대의 저를 그리로 이끌었습니다. 50대가 되어서야 비로소 대의를 좇는 것의 기쁨을 알았다는 그 사실이 저를 더욱 불타오르게 만들었지요.

하지만 JAL에 대해서는 처음부터 그러한 책임감을 느낀 건 아니었습니다. 회사의 재건을 부탁받았을 때, 제가 맡을 일이 아니라고 생각했습니다. 일단 분야부터가 너무 달랐습니다. 지금까지 저는 줄곧 제조업에 종사해 왔습니다. 제2전전을 통해 통신사업 분야는 경험을 했습니다만, 항공운수사업에 대해서는 전혀 알지 못했습니다. 그래서 처음에는 "이 분야에 문외한이라 불가능합니다" 하고 거절했었지요.

이미 기업재생지원기구에서는 회생 계획안을 준비하고 있었습니다. 당시 국토교통부 장관이었던 마에하라 세이지 씨와 민주당 의원들이 제게 말했습니다.

"재건 계획을 세우고는 있지만, 최고의 리더가 경영을 맡지 않으면 성공하기 힘들다 봅니다. 어떻게든 이나모리 씨가 그 자리를 맡아주셨으면 합니다."

몇 번이고 그렇게 부탁을 하시니 거절하기가 힘들

어 결국에는 수락하고 말았지요.

그제야 비로소 이 일에 어떤 의미가 있는지를 생각했습니다. 첫째, 이대로 JAL이 2차 부도를 맞는다면 침체를 면치 못하고 있는 일본경제에 커다란 타격을 줄 것입니다. 둘째, JAL 내의 많은 직원이 회사갱생법에 따라 해고를 당하게 되지만, 여전히 남아있는 3만 2천에 달하는 직원들의 고용을 지켜내는 것은 사회적으로 대단히 중요한 일입니다. 셋째, JAL이라는 회사가 2차 부도로 없어지면 일본의 대형 항공사는 한 곳밖에 남지 않게 됩니다. 수익자인 국민 입장에서 볼 때 한 항공사의 독점은 좋지 않습니다.

JAL은 존속되어야만 했습니다. 이상의 세 가지 이유를 찾았으므로, 그다지 자신은 없지만 한번 해보겠다고 말하고 일을 수락했습니다. 그때 저는 여든을 목전에 두고 있었습니다.

"나이가 있어 그리 많은 시간을 할애하진 못할 것입니다. 그리고 풀타임으로 근무하기는 힘드나, 일주일에 3일 정도라면 가능할 것 같습니다. 임시직이니 급료는 필요 없습니다."

이렇게 말하고서 저는 JAL의 회장직을 받아들였습니다.

처음부터 대의를 위해 일을 시작한 것이 아니라는 점에서 제2전전 때와는 달랐습니다. 얼떨결에 등 떠밀려 시작한 일이지만, 그 속에서 대의를 발견한 이상 필사의 노력으로 한번 살려내 보자 하는 심정이었지요.

이기심과 싸워라

전후 일본, 패전의 그늘 속에서 이른바 벤처기업을 창업한 경영자들의 약진이 두드러졌습니다. 제가 회사를 설립한 것이 쇼와 34년(1959년)이었으니, 전후 벤처기업 1.5세대라 해야 할까요. 창업 당시 저는 스물일곱이었고, 그때는 전쟁이 끝난 지 불과 14년이 지났을 때였습니다.

훌륭한 경영자들은 평소 어떤 일을 하는지 저는 몹시 궁금했습니다. 그때 간사이 지역에서는 마쓰시타 고노스케 씨가 마쓰시타전기산업을 경영하고 있었습니다. 젊은 시절부터 줄곧 존경해온 분이었기에, 어떻게든 그분이 하시는 경영을 흉내라도 내고 싶어 그분의 책을 사서 읽기도 했지요. 그렇게 전후 일본을 이끌어 온 창업형 경영자들의 뒤를 따르면서 어느새 저 또한 여기까지 왔습니다.

다만 안타까운 사실은, 전쟁의 폐허 속에서 회사를 세워 훌륭하게 경영해내고 성장시켰음에도 불구하고, 만년에까지 회사를 좋은 상태로 유지하고 행복한 은퇴를 맞이하는 창업자는 매우 드물다는 점입니다. 도산하는 회사도 많았고, 회사는 남아있지만 창업자 자신이 이런저런 문제를 일으켜 사퇴하거나 쫓겨나는 일도 많았습니다.

벤처기업을 성공으로 이끌고 발전시켜간 그들은 보통 사람이 가지지 못한 귀한 재능을 가진 사람들일 테지요. 그러나 창업 이후 10년, 20년, 30년이라는 기간으로 나누어 볼 때, 창업형 경영자가 만년까지 훌륭한 인생을 살고 있는 경우가 굉장히 적습니다. 그러한 모습을 볼 때마다 저는 참으로 애석합니다. 사실 그들은 누구보다 멋진 인생을 걸어올 수 있었고, 남은 생을 아름답게 마무리할 수 있었을 텐데 말이지요. 정말 안타

깎기 이를 데 없습니다.

그들은 왜 그렇게 되었을까요. 그 이유를 함께 생각해보고 싶습니다.

창업하자마자 처음부터 경영에 자신 있는 사람은 없을 겁니다. 처음엔 누구든 정신이 하나도 없습니다. 아버지나 할아버지가 창업한 회사를 물려받은 경우라도 정말 열심히 그 나름의 노력을 다했을 테지요. 창업 초기에는 누구나 겸손을 아는 노력가였을 거라 생각합니다. 직원들의 고용을 내 손으로 지켜가야 한다는 커다란 사명과 책임감을 가지고, 자기 시간은 전부 희생해 가며 홀로 선두에 서서 회사를 열심히 키워냈을 것입니다. 그 결과 회사는 훌륭하게 자리를 잡고 이익도 점차 올라갔겠지요.

창업 당시, 돈이 한 푼도 없었기 때문에 저의 기술과 일에 대한 열정을 높이 산 지인들이 3백만 엔의 자본금을 마련하여 회사를 차려주었습니다. 절 믿어준 주주분들이 저로 인해 피해를 보는 일이 생겨선 안 된다는 생각에, 회사를 연 그 순간부터 죽어라고 열심히 일했습니다.

전에 있던 회사에서 함께 일하던 여덟 명의 기술자가 절 믿고 저희 회사로 와주었습니다. 그리고 중학교를 갓 졸업하고 입사한 스무 명의 직원이 있었지요. 그렇게 총 스물여덟 명의 직원과 함께 출발했습니다. 세라믹스의 개발과 제조에 관해서는 자신이 있었지만, 그야말로 경영의 '경' 자도 모르는 상태였습니다. 판매나 경리 등 모든 부분에서 불안했기 때문에 정말 많은 노력을 했습니다. 그렇게 창업 후 10년 정도 지났을 무렵에는 감사하게도 수십억 엔의 이익을 올리는 회사가 되어 있었지요. 이때 제 연봉은 3백만 엔이었습니다. 문득 이런 생각이 들더군요.

'애초에 이 기술은 내 것이었고, 게다가 자는 시간도 아껴가며 열심히 일해서 회사에 수십억 엔의 이익을 안긴 것은 바로 난데, 생각할수록 영 수지가 안 맞아. 월급을 천만 엔 받는다고 쳐도 일 년에 1억 2천만 엔밖에 안 되잖아. 수십억 엔의 회사 이익을 다 내가 올린 건데, 그 정도는 받아도 아무도 뭐라 할 수 없겠지.'

그런 불손한 생각이 머릿속을 맴돌았습니다. 그동안 직원들을 위해 주주들을 위해 열심히 달려왔는데, 이익이 나고 여유가 생기니 사람이 변하더군요. 우리 인간들의 마음속에 살고 있는 이기심이라는 녀석이 고개를 드는 거지요.

교세라도 그럭저럭 큰 회사가 되어, 오사카증권거래소 2부에 상장하자는 이야기가 거론되고 있었습니다. "상장을 추진하실 때 저희를 주간사로 선정해주시면, 이러이러한 좋은 조건에 해드리겠습니다"라는 식의 제안을 많은 증권사로부터 받았습니다. 그리고 그들은 하나같이 이렇게 말했지요.

"이나모리 씨는 창업자이자 대주주입니다. 이나모리 씨가 보유하고 계신 주식을 시장에 매각하여 상장하는 방법과 새로 발행한 주식을 매각하여 상장하는 방법, 그리고 그 두 가지를 병행하는 방법이 있습니다. 이나모리 씨는 창업 이후 지금까지 열심히 일해오셨고, 고생 끝에 회사를 이만큼 훌륭히 키워내시지 않았습니까. 이번 주식상장은 창업자로서 그간 수고해

오신 이나모리 씨가 이익을 보실 수 있는 좋은 기회입니다. 상장 시에 이나모리 씨가 보유한 주식의 일부를 새로 발행한 주식과 함께 시장에 판매하여 이윤을 남기시지요."

그렇게 하면 제 앞으로 수억 엔의 돈이 떨어지게 된다며, 모든 증권사가 그와 같은 방법을 권하더군요. 언제 회사가 망할지 모른다는 불안감에 전전긍긍하며 있는 힘을 다해 하루하루 달려온 제게, 생각지도 못한 그런 큰돈이라니. 3백만 엔의 연봉을 받고 일하는 사람에게 단번에 수억 엔을 준다는데, 누구라도 그런 말을 듣고 혹하지 않을 리 없지요.

그런데 가만 생각해 보니 영 기분이 이상하더군요. 이런 게 악마의 속삭임이 아닐까. 그래서 증권사 사람에게 이렇게 물었습니다.

"갖고 있는 주식을 팔아 부자가 되는 건 아무래도 이제껏 지켜온 제 소신과 맞지 않습니다. 그래서 신주를 발행해서 상장하는 방식으로 하고, 그 이익은 회사로 들어오게 하여 회사자본의 충실을 도모하고 싶습니다만 괜찮겠습니까.”

대부분의 증권사가 반대했습니다. “그렇게 처리하는 일은 거의 없습니다. 이나모리 씨는 창업자인 동시에 대주주이기 때문에, 이런 경우 보통 창업자의 주식을 시장에 내놓는 방식으로 진행합니다” 하고 말이지요.

그런데 한 증권사의 상무만은 달랐습니다.

“훌륭한 생각이십니다. 그렇게 하는 것이 옳다고 생각합니다.”

제게 그렇게 말해준 그 증권사를 주간사로 선정하여, 교세라는 오사카증권거래소에 상장했습니다. 제가 보유한 주식은 단 한 주도 시장에 내놓지 않았습니다. 지금까지 길을 잘못 드는 일 없이 똑바로 인생을 걸어올 수 있었던 것은 이날의 결단이 있었기 때문이라는 생각이 듭니다. 성인군자여서 그리한 것이 아닙니다. 앞서 말씀드린 것처럼 저 또한 욕심으로 가득 찬 보통 사람이니까요. 회사의 이익에 비해 내 월급이 턱없이 적다고, 더 많이 받아도 된다고 불평하던 지극히 평범한 인간입니다.

한 신문에서 '독서일기' 라는 칼럼을 읽고 큰 감명을 받은 적이 있습니다. 그것은 여배우인 기시다 교코 씨가 기고한 글이었습니다. 이슬람문화 연구가이자 철학자, 사상가인 이즈쓰 도시히코 씨의 책을 심리학자 가와이 하야오 씨가 읽고 이에 대한 생각을 자신의 책에 담았는데, 이것을 여배우 기시다 씨가 읽고 그 감상을 '독서일기' 에 기고한 것이었습니다.

이즈쓰 씨는 평소 명상을 자주 했다고 합니다. 이즈쓰 씨의 말에 따르면, 명상에 들어가 의식이 고요해지면 나 자신이 우주 속에 존재하고 있다는 의식만이 남고 나머지는 모두 사라져 버린다고 합니다. 그리고 그런 상태가 되면 나란 존재는 '단지 존재하고 있다' 고 말할 수밖에 없는 어떤 것으로 이루어져 있음을 느낀다고 합니다.

그와 동시에, 내 주변을 둘러싼 모든 삼라만상 또한 나와 마찬가지로 '그저 존재라고밖에 부를 수 없는 어떤 것'으로 이루어져 있음을 느끼는 의식상태가 된다는 것입니다. 즉 사람들은 일반적으로 '꽃이 이곳에 존재한다'고 표현하지만, 이를 '어떤 존재가 꽃의 형상을 하고 있다'고 표현해도 이상하지 않다는 것이지요.

이 책을 읽은 심리학자 가와이 씨가 자신의 저서에서 '당신은 꽃의 모습을 하고 있나요? 나는 가와이의 모습을 하고 있어요'라고 표현했는데, 이것을 여배우 기시다 씨가 읽고 크게 공감하고 감동했다는 이야기가 '독서일기'라는 칼럼에 실려 있었습니다.

이즈쓰 씨의 말을 빌리면, 우리 모두는 단지 다른 모양을 하고 있을 뿐 모두 다 같은 '존재'인 셈입니다. '그저 존재라고밖에 부를 수 없는' 완전히 똑같은 그것들이, 어떤 존재는 꽃의 역할을 연기하고 있고 또 어떤 존재는 사람 역할을 맡아 연기하고 있는 것일 뿐. 무생물을 포함하여 이 세상 모든 삼라만상은 '존재'라는 것이 연기해내는 모습인 것입니다.

그렇다면 같은 존재들이면서 왜 재능도 다르고 모

습도 다르고 모든 것이 다른 것일까요. 그것은 이 자연계가, 아니 이 자연계를 만들어낸 창조주가 이 지구에 다양성이 반드시 필요하다고 판단했기 때문이겠지요. 다양성이 없다면 사회를 구성할 수 없습니다. 그렇기 때문에 모습도 성격도 재능도 모두 제각각인 사람들을 이 세상에 내보낸 것이라 생각합니다.

그런데도 저는 '내가 내 기술로 창업하고, 내가 열심히 노력해서 회사를 이만큼 훌륭하게 키워 수십억 엔의 이익을 내는 회사로 만들었다'고만 생각했습니다. 이건 모두 내가 해낸 일이라고, 내 재능과 내 기술로 내가 밤잠 설치고 끼니도 걸러 가며 일궈낸 것이라고 말이지요. 이런 내 연봉이 고작 3백만 엔이라니, 아무리 생각해도 수지가 맞질 않는 것이었습니다. 나는 이 회사의 창업자로서 내 주식을 매각해서 수억 엔이라는 큰돈을 손에 넣어야 마땅하다고 생각했습니다. 오로지 '나' 밖에 몰랐지요. 다시 말해 '나'라고 하는 특별한 인간이 '이나모리 가즈오'라는 이름과 재능을 가지고 이 세상에 태어났다고 생각했던 것입니다.

　일찍이 미국에서 실리콘 트랜지스터(반도체 소자)가 개발되고, 이후 실리콘을 사용한 IC(집적회로)로 변화하였습니다. 그리고 그것이 현재 말하는 초LSI(대규모 집적회로)로 진화하여 반도체 산업의 부흥기를 열었습니다. 그때 저는 초LSI용 세라믹스 패키지를 공급하고 있었지요. 인텔을 비롯한 실리콘밸리 내의 내로라하는 반도체 제조사들이 틈만 나면 교토에 있는 저희 교세라로 연구자를 보내 제게 협력을 요청하던 시절이었습니다. 지금도 저는 반도체 산업의 발전에 제 나름대로 큰 공헌을 했다고 자부합니다. 그런데 당시에 저는 이렇게 생각했습니다. 교세라가 큰 이익을 올리게 된 것은 틀림없이 내가 그러한 재능을 가진 덕분이라고요. 그러나 기시다 씨의 칼럼을 읽고 나서부터는 이렇게 생각하게 되었습니다.

　반도체 산업이 발전해가기 위해서는 그 역할을 해줄 누군가가 필요했을 것입니다. 아무 존재 하나가 맡아 하면 그만인 그 역할을, 어쩌다 우연히 '이나모리 가즈오'가 맡았을 뿐입니다. A 씨든 B 씨든 아니면 C 씨든, 다른 존재가 '이나모리 가즈오'와 똑같은 재능을 가지고 있었다면 그 사람이 그 자리를 대신해도 되는 겁니다. 이는 거꾸로 말하면, 제가 일개 샐러리맨이었어도 이상할 게 없다는 의미입니다.

즉, 우리가 살아가고 있는 인류사회는 장대한 한 편의 드라마와 같습니다. 이 세상은 극장입니다. 그 극장에서 우연히 저는 교세라라고 하는 회사를 만들고 경영하는 사장 역할을 맡게 되었습니다. 단 그것을 반드시 '이나모리 가즈오'가 맡을 필요는 없는 것이며, 그러한 역할을 연기할 수 있는 사람이면 누구라도 상관없습니다. 그런데 어쩌다가 제가 그 사람이었을 뿐이지요. 그 역할을 제가 하든 A 씨가 하든 B 씨가 하든 C 씨가 하든, 모두가 똑같은 하나의 '존재'일 뿐입니다. 그 '존재'들은 사회의 다양성을 위해 여러 가지 재능을 가지고 이 땅에 태어나는데, 우연히 저라는 인간에게 그러한 재능이 주어졌기에 제가 그 역할을 맡게 된 것입니다.

반도체 산업의 발전을 맞아 오늘은 어쩌다 제가 주인공을 맡고 있지만, 내일 펼쳐질 드라마에서는 다른 이가 주인공을 맡아도 그만입니다. 그런데도 저는 그동안 '내 능력으로', '내가 잘나서'라고만 생각하고 있었지요. 그러한 생각들로 인해 이기심이 눈덩이처럼 불어나고 있었음을 깨달았습니다.

나의 재능과 능력을 나만의 것이라 생각해서는 안 됩니다. 이 세상과 사회와 사람들을 위해 쓰라고 하늘이 내려주신 재능과 능력이 우연히 나라는 존재에게 주어진 것뿐입니다. 그 재능을 나 자신만을 위해 쓰면 벌을 받을 겁니다. 어쩌다 그러한 재능을 받아 어쩌다 교세라라는 회사의 경영을 맡게 된 것뿐인데, 이대로 이기심이 걷잡을 수 없이 커지도록 내버려 두었다간 언젠가 제 자신을 망칠 것 같았습니다. 그래서 저는 그날 이후로 제 안의 이기심과 싸우는 인생을 걸어왔습니다.

인도의 사상가 타고르Tagore는 그의 시에서 이렇게 말했습니다.

나 홀로 밖으로 나와 밀회의 장소로 가고 있습니다. 하지만 침묵의 어둠 속에서 나를 따라오는 이 있으니, 그는 누구인가요?

그를 피하려 비켜서지만, 나는 그의 눈길에서 벗어나지 못합니다.

그의 걸음걸이가 어쩌나 당당한지 흙먼지가 일 정도입니다. 그는 내가 하는 모든 말에 자신의 커다란 목소리를 덧붙입니다.

나의 주인이여, 그는 바로 나의 왜소한 자아입니다. 그는 부끄러움을 모릅니다. 하지만 나는 그와 함께 임의 문 앞에 오게 된 것이 부끄럽습니다.

— 라빈드라나드 타고르, 《기탄잘리》 30번 시 중에서 (열린책들) —

인간의 내면에 이기심이라는 볼품없고 천한 나와 고결하고 훌륭한 내가 공존하고 있음을 묘사한 것입니다.

'연봉이 3백만 엔밖에 안 된다니, 일억 엔 정도는 받아야 하는 것 아닌가' 하고 스스로에게 속삭였을 때,

저의 이기심은 큰 소리로 이렇게 맞장구쳤습니다. '암, 당연하지! 1, 2억은 받아야 하고말고!' 부끄러움을 모르는 비천한 또 한 명의 내가, 이렇듯 모든 이의 마음속에 함께 살고 있는 것입니다.

영국의 철학자 제임스 앨런James Alan 또한 이렇게 말하고 있습니다.

인간의 마음은 정원과도 같습니다. 지혜롭게 가꿀 수 있는가 하면, 제멋대로 방치해둘 수도 있습니다. 그것을 잘 가꾸든 방치해두든 반드시 싹은 틉니다. 당신이 만약 마음의 정원에 아름다운 화초의 씨앗을 뿌려두지 않았다면, 그곳엔 마침내 수많은 잡초 씨가 날아와 무성히 자라게 될 것입니다.

— 제임스 앨런, 《원인과 결과의 법칙》 중에서 —

정원을 손질해주지 않으면 이기심이라는 잡초들이 잔뜩 자라나 온통 이기심으로만 뒤덮인 마음이 되어버립니다. 스스로 잡초를 뽑고 경작하여 아름다운 화초,

즉 양심과 진실한 자아라는 씨앗을 뿌려야만 우리 마음이 잡초투성이가 되는 것을 막을 수 있지요. 마음이라는 것은 우리가 조금만 빈틈을 보여도 금세 이기심으로 가득 차버린다는 사실을 앨런은 가르쳐주고 있습니다.

저는 과거 사쓰마 번의 중심지였던 규슈지방 출신이기 때문에, 메이지유신을 주도한 사이고 다카모리에 대한 이야기를 어릴 적부터 많이 들으며 자랐습니다. 사이고 다카모리는 훌륭한 인물이 메이지 신정부의 지도자가 되어야 일본이 바로 설 수 있다고 생각했습니다. '무릇 나라의 관리로서 국정을 살핌은 하늘의 뜻을 행하는 것이므로, 조금이라도 사리사욕을 품어서는 안 된다'는 말과 '자기를 사랑하는 것이야말로 가장 좋지 않은 것이다'라는 말을 남겼지요.

여기서 자기를 사랑한다는 것은, 내 마음을 추악한 이기심으로 가득 채운다는 의미입니다. 남들 위에 서는 이는 스스로를 희생해서라도 그 집단을 위해 공헌해야 하며, 절대로 나 자신을 아끼고 사랑하는 것이 먼저가 되어서는 안 된다는 것이지요. 지도자가 스스로를 버리지 않으면 집단을 행복으로 이끌 수 없다는 무사無私의 정신을 그는 한결같이 강조하였습니다.

그래서 그는 메이지유신의 공로자들이 신정부를 좌지우지하는 상황을 매우 애석히 여겼습니다. 수많은 유신지사가 목숨을 내던져가며 막번체제(막부와 여러 번에 의한 지배체제-옮긴이)를 무너뜨린 것은, 그 공로로 부를 축적하여 자신의 가옥을 화려하게 치장하고 사치스러운 의복을 두르며 호화로운 생활을 누리기 위함이 아니었습니다. 신정부의 부패에 대한 절망감을 품고서 사쓰마로 돌아온 사이고 다카모리는 세이난 전쟁을 일으켜 정부에 맞섰으나 실패하여 결국 자살로 생을 마감하고 맙니다.

또한 메이지시대에 미국과 유럽을 견문한 뒤 귀국하여 일본 근대산업의 발전을 연 후쿠자와 유키치는 기업 경영자와 실업가의 자세에 대해 이렇게 말했습니다.

"사상은 철학자와 같이 깊어야 하고, 마음은 겐로쿠

元祿(에도 중기 히가시야마 일왕 시대의 연호 – 옮긴이) 무사들과 같이 숭고하고 정직해야 하며, 일 처리에 있어서는 돈 밝히는 말단관리와 같이 눈치 있고 재빠르게 하고, 몸은 농사꾼과 같이 튼튼하고 바지런해야 비로소 경제사회의 대인大人이 될 수 있음이라."

경제사회 속에서 대인 즉 훌륭한 사람으로 인정받으려면, 우선 철학자와 같이 심오한 철학을 가지고 있어야 합니다. 또한 이를 추구하기 위한 노력을 게을리해서도 안 되지요. 숭고한 정신은 겐로쿠의 무사들과 같아야 합니다. 여기서 겐로쿠 무사란 주신구라忠臣藏 (주군의 원수를 갚은 충직한 무사들의 이야기 – 옮긴이) 속 47인의 무사를 말하는데, 경영자 또한 그들과 같이 드높고 아름다운 기상을 품어야 한다는 것입니다. 이에 더하여, 돈만 밝히는 속된 말단관리와 같이 눈치가 있고 기지를 발휘할 줄 알아야 합니다. 부패한 관리들이란 대체로 눈치가 빠르고 머리가 잘 돌아가지요. 속물 관리들의 그와 같은 기지와 수완만큼은 경영자가 본받아야 한다는 뜻입니다. 마지막으로, 몸이 건강하고 늘 노력을 게을리하지 않아야 비로소 경제사회 속에서 큰 인물이 될 수 있다고 후쿠자와 유키치는 말하고 있습니다.

저는 그가 남긴 이 문장을 젊은 시절에 접하고는 생각했습니다. 경영자란 그 어떤 학자에게도 뒤지지 않을 만큼 훌륭한 철학을 가져야 하며, 마음을 아름답게 가꾸어가야 하는 사람이라고. 경영자가 그러한 노력 없이 그저 이익만을 추구한다면, 자신이 속한 집단을 불행하게 만들고 말 것이라고 말이지요.

인간의 본성이란 쉽사리 벗어날 수 없는 확고한 것이어서 조금이라도 마음을 가꾸는 것을 소홀히 하면 금세 욕망에 삼켜진다는 사실을 일찍이 꿰뚫어 보신 부처님께서는 "족함을 알라"고 말씀하셨습니다. 늘 '나'만 찾고 '더 많이'를 외치며 끝도 없이 욕망을 부풀려가서는 안 된다고 말이지요.

결국 위대한 철학자들과 종교가들이 한목소리로 강조하고 있는 것은, 인간이 길을 잘못 들어 불행에 빠지는 것은 마음속에 자리한 이기심 때문이라는 점입니다. 우리는 하루하루 노력과 반성을 거듭하며, 이 오만하고 부끄러운 줄 모르는 이기심이 내 마음을 지배하는 것을 막아내야만 합니다.

창업 경영자들은 대체로 지기 싫어하는 성격입니다. 공격적이지요. 물욕 또한 남들보다 훨씬 많고요. 그런 사람이 이기심을 다스리지 않고 그냥 방치하면, 그 이기심이 그를 끝도 없이 부추겨댑니다. '더 많이, 더 많이' 하고 속삭이는 꼬임에 넘어가게 됩니다. 그리고 결국엔 그것이 열심히 쌓아 올린 훌륭한 회사를 무너뜨리는 원인이 됩니다.

우리 마음속에는 양심을 가진 나와 이기심으로 가득한 내가 함께 살고 있다는 것을 인식할 필요가 있습니다. 다시 말해, 순수한 참 자아와 비루하고 천박한 자아가 공존하는 것이 바로 우리들 인간의 마음인 것입니다. 양심과 이기심이, 바르고 진실한 자아와 오만하고 천한 자아가 매일같이 맞서 싸우고 있습니다. 그런 치열한 전쟁에서 패해 이기심에게 마음을 내어준 이들이 바로, 만년을 더럽히고 기업을 도산시키며 인생을 엉망진창으로 만든 경영자들입니다. 바른 경영을 해나간다는 것은 대단히 중요합니다. 경영자 자신을 위해서도 물론 그렇지만 회사의 모든 직원과 그의 가족들을 위해서도, 그리고 주주와 고객, 우리 회사에 물건을 납품하는 다른 회사들을 위해서도, 또한 지역사회와 국가를 위해서도 말이지요. 그의 어깨에는 이렇게 많은 것이 걸려 있기에, 경영자가 개인의 이기심에 굴복해버리면 곤란합니다.

이런 말들을 잘난 듯이 떠들고 있는 저 또한 이기심과 양심의 싸움 속에서 하루하루 살아가고 있기에, 조금만 방심해도 어느새 이기심이 마음속을 가득 메웁니다. 오늘 맹세하고 다짐한 것을 내일이 되면 까맣게 잊고 다시 예전으로 돌아가기도 하고, 무책임한 행동들을 어느새 저질러버리기도 하는 그런 인간입니다.

이기심의 으뜸은 물욕, 명예욕, 그리고 색욕입니다. 이러한 욕망에 마음을 지배당한 이들은 매사에 '나만 잘 되면 된다'는 식이지요. 경영자는 금욕적이어야 합니다. 스스로의 욕망을 현명하게 제어하며 내 안의 이기심은 깊은 곳에 넣어두고서, 회사를 지키는 일에 힘을 쏟지 않으면 안 됩니다.

인재를 키워라

중소기업을 경영하시는 분들은 정말 열심히 경영에 임합니다. 개중에는 모든 것을 부하직원들에게 일임하고서 마냥 놀러 다니는 사람도 있을지 모르지만, 대개는 그렇지 않지요. 스스로의 힘으로 열심히 헤쳐 나가려고 작정하면 경영만큼 힘든 것이 또 없습니다. 모든 책임을 전적으로 경영자 혼자 떠안게 되지요. 열의를 가지고 직접 경영에 임하는 분들일수록 엄청나게 큰 책임감을 느낄 겁니다. 자신이 책임져야 할 것들에 대해 생각하면 생각할수록 그 중압감을 견디기 힘들 정도로 말입니다.

그 정도의 압박감을 버티며 모든 책임을 혼자 짊어

지고 있는 성실한 경영자라면 누구나, 내 곁에서 나만큼의 책임감을 가지고 경영을 도와줄 그런 부하직원을 원할 수밖에 없을 테지요. 제 경우도 그랬습니다.

연구개발과 기술개량, 제조까지 하면서 영업에도 직접 나서서 세라믹스의 성능에 대해 설명하고 다녔으니, 그야말로 모조리 다 제 손으로 한 셈입니다. 너무나 바쁜 나머지, 손오공처럼 털을 뽑아 훅 불면 분신이 나타나 내 일을 좀 도와줬으면 좋겠다고 생각할 정도였으니까요. 농담이 아니라 그만큼 진심으로 사람을 원했습니다. 나와 같은 마음으로 회사 경영이라는 무거운 책임을 나와 함께 나누어 가질 수 있는 그런 사람을 말입니다.

그래서 생각했습니다. 조직을 세분화해서 그 조직을 이끌어갈 사람을 책임자로 세워보자고 말이지요. 조직을 작은 단위로 나누면 들어오는 돈도 나가는 돈도 소액이 되므로 회계가 쉬워집니다. 즉 지식이나 경험이 없더라도, 세분화된 조직 속에서 일하며 약간의 기본기를 배우게 하면 돈의 흐름을 이해하게 됩니다.

이를 통해 매상을 올리기 위해 얼마의 경비가 쓰였고 또 얼마의 수익을 남겼는지를 생각할 수 있게 되는 거지요. 이러한 각각의 조직을 맡아줄 책임자를 선정하여 잘 경영해갈 수 있도록 지도하는 과정을 거친 뒤 조직의 경영을 일임합니다. 그렇게 하면 그들에게 점차 경영자 마인드가 싹트게 됩니다.

일반적으로 중소기업이 힘든 이유는, 경영자에겐 경영자 마인드가 있고 리더로서의 의식이 있지만 직원들은 경영자와 다른 생각을 하고 있기 때문입니다. 직원들은 얼마의 급료를 준다는 구인광고를 보고 회사에 들어왔을 뿐이고, 또 근무시간 내에 일을 끝마치고 서둘러 퇴근하고 싶어 하지요. 회사가 얼마나 벌고 있는지 그다지 관심이 없습니다. 샐러리맨 근성이라고 해야 할까요. 이렇게 이해관계가 상반되는 이들을 어떻게 효과적으로 하나로 모아 회사의 수익을 올리는가. 그것이 경영자의 역량입니다.

세분화된 조직의 책임을 맡은 직원은, 그 조직 안에서 경영 훈련을 받으면서 경영자에 보다 가까운 마인드를 가지게 됩니다. 작게나마 조직을 관리해 보면 마치 게임을 하는 듯한 재미가 있습니다. 매상이 얼마나 늘었고 경비가 얼마 들었으며 얼마의 순이익을 냈는지를 계산하는 과정은 그야말로 게임과 같은 감각이지요. 그러다 보면 어느새 경영자 마인드와 주인의식이 확실히 자리를 잡게 됩니다.

평범한 샐러리맨이었을 때는 회사 내에 불필요하게 새나가는 부분들이 있어도 그냥 지나쳤었는데, 이제는 그런 것들이 자꾸 보이기 시작합니다. '아깝다'는 생각을 갖게 되지요. 예를 들어 아무도 안 다니는 복도에 쓸데없이 불이 들어와 있어서 경영자가 '안 쓰는 복도는 불을 좀 끕시다' 하고 말했다고 합시다. 직원들은 일단 그 순간에는 불을 끄지요. 하지만 눈치 볼 사람 없이 나 혼자 있을 때는 굳이 가서 끄려 하지 않습니다. 그런데 경영자 마인드를 가지게 되면 스스로 나서서 부지런히 불을 끄고 다닙니다. 이렇게 경영자 자신과 똑같은 마음을 가지고 일해 줄 사람이 단 한두 명이라도 생긴다면, 회사가 훨씬 수월하게 굴러가지 않을까요.

　이것이 바로 아메바 경영입니다. 아메바 경영은 기업 내에서 인재를 육성하기 위한 시스템입니다. 회사 운영에 많은 고충이 따르는 중소기업 경영자분들이라면 누구나 이 아메바 경영 시스템에 관심을 가질 것입니다.

　애초부터 저는 주식회사라고 하는 조직의 모습이 좀 이상하다는 생각이 듭니다. 최근엔 '기업은 주주의 것'이라고 생각하는 이들이 늘었습니다. 주주로부터 임명받은 임원들과 사장이 회사를 경영하는 것이 주식회사이며, 회사의 주인인 주주를 위해 이익을 올리려고 하지요. 하지만 그러한 회사는 이내 직원들의 반발을 사고, 순탄하게 앞으로 나아가질 못합니다.

　저는 이렇게 생각했지요. 그렇다면 주식회사라는 형태는 그대로 두되, 파트너십으로 움직이는 회사를 만들어 가면 어떨까. 직원 하나하나가 회사의 파트너로서 내 회사라는 의식을 가진다면 회사는 너욱 발전하지 않을까. 이러한 의문이 아메바 경영의 출발이었습니다.

단, 경영자 자신이 경리회계와 수학에 밝지 않으면 아메바 경영을 도입할 수 없습니다. 아메바 경영을 도입하려 한다면 당연히 손익계산서 정도는 이해할 줄 알아야지요. 경리회계를 공부하여 완벽하게 마스터해야 합니다.

그러고 나서 회사 경영에 관계된 모든 회계 수치들을 투명하고 정확하게 공개합니다. 이를 위해서는 우선 사장 스스로가 모든 것을 투명하게 공개해도 아무런 문제가 없는 사람이어야 하겠지요. 공명정대하고 정직하며 깨끗한 삶을 걷는 사람이 아니면 아메바 경영은 도입할 수 없습니다. 회사의 모든 것을 공개했을 때 자신의 치부도 함께 드러나는 그런 경영자에게 아메바 경영은 무리라는 말입니다. 어중간한 인간이 그런 걸 해봤자 아무도 따라와 주지 않습니다.

교세라가 아직 주식상장 전의 중소기업이었을 때로 기억합니다. 세무서에서 조사를 나온 적이 있었지요. 세무서 직원들은 굉장히 노련해서, 대번에 사장실부터

들이닥치더군요. 비서에게 "서류에 손대지 마십시오"
하고 말한 뒤, 책상 서랍을 죄다 열어보며 "사장님 출
장 경비는 누가 처리했습니까? 그 기록을 전부 다 이
리 가져오십시오"라고 했습니다.

"사장님 출장 가실 때 보통 회사 돈으로 가불 처리
하지요? 그거 나중에 얼마나 정산했습니까?"

"저희 사장님께선 한 번도 가불 처리하신 적이 없는
데요."

"뭐라고요? 그럼 지난 몇 개월간의 출장 서류를 한
번 가져와 보세요."

세무서 직원이 보니, 정말로 회사 규정대로 경비가
처리되어 있었습니다. '이럴 리가 없다. 뭔가 이상하
다' 하며 사장실을 이 잡듯 뒤지더니, 결국 아무런 수
상한 점을 발견하지 못하고 그대로 사장실을 나가 다
시는 들어오지 않았지요.

그 정도로 깨끗하지 않으면 아메바 경영의 도입은
불가능합니다. 모두에게 '깨끗하게 처리해 달라. 부정
이 있어서는 안 된다'고 말해놓고서 사장만 예외일 수

는 없지요. 아메바 경영에서는 숫자를 대단히 정직하게 다룹니다. 부하직원들이 회계를 깨끗하게 해주길 원한다면, 윗사람도 투명하고 깨끗하게 경리를 처리하지 않으면 안 됩니다.

대부분의 회사는 일반적으로 '임원은 월 3백만 엔까지 접대비 지출을 허용한다' 와 같은 규정을 두고 있지요. 생각 없는 중역들이 그것을 자기의 권리로 착각하더군요. 그게 싫었던 저는 교세라의 접대비 지출에 대해 이렇게 정했습니다. '필요하다면 접대비를 지출해도 좋다. 단, 명확한 이유와 목적을 작성하여 제출할 것. 사용처와 목적만 확실하다면 무제한으로 자유롭게 써도 좋다' 고 말이지요.

이렇게 조직의 투명성을 확보한 상태에서, 회사 업무를 기능별로 정확하게 분리하여 아메바 경영을 도입하게 됩니다. 먼저 영업부문, 제조부문, 원료부문 등과 같이 기능별로 나눈 뒤 이를 더욱 세분화합니다. 그리고 그 세분화된 조직마다 책임을 감당할 수 있을 만한 인물을 리더로 임명하여 경영을 가르쳐갑니다.

비록 작은 집단의 리더일지라도 반드시 인격이 갖춰진 인물이어야 합니다. 감정적이고 순간의 기분에 쉽게 좌우되는 유형은 곤란합니다. 리더로서, 그리고 인간으로서 어떠한 인격의 소유자이며 어떠한 철학을 가지고 있는가 하는 점은 대단히 중요합니다. 그리고 각 소집단의 리더들에게 철학을 교육하는 일은 경영자의 몫입니다.

철학이라는 것을 어렵다고들 생각하는데 절대 그렇지 않습니다. 극단적으로 말하면 '거짓말을 하지 말고 늘 정직하라', '성심을 다해 노력하라', '스스로의 욕망에 굴복하지 말라'와 같은 것들이 바로 철학입니다. 스스로의 욕망에 굴복하지 않는다는 것은 남에게 멋지게 보이고 싶다거나 폼을 잡고 싶다거나 하는 내 마음속 명예욕과 물욕을 배제한다는 뜻입니다. 철학이란 이렇게 지극히 기초적인 것만으로도 충분합니다.

불교에는 오계五戒라는 것이 있지요. 사람이 지켜야 할 다섯 가지의 계율을 말하는 것으로, '살생하지 말라, 도둑질하지 말라, 거짓말하지 말라, 술을 마시지 말라, 음행하지 말라' 가 그것입니다.

살생, 도둑질, 거짓말 이 세 가지는 안 됩니다. 하지만 저는 술에 관해서는 적당히 마신다면 괜찮다고 봅니다. 성행위에 관해서도 모두 안 된다고 할 순 없겠지요.

거창한 것은 필요 없습니다. 그 정도면 충분합니다. 나라면 절대로 하지 않을 일들, 그것들을 바탕으로 해서 나의 철학을 한번 조목조목 써내려가 보십시오. 그런 다음, 우리 회사는 이러한 생각과 이러한 철학을 가지고 경영하고 있다고 선언하는 겁니다. 불교에 자비라는 가르침이 있지요. 모든 고객과 주주와 직원을 따뜻한 배려의 마음으로 대하겠다는 그런 다짐도 좋습니다. 경영철학이란 그리 어려운 것이 아닙니다.

작은 아메바 조직을 운용하는 리더들은 이러한 경영철학을 기준으로 하여 '이렇게 사업을 전개하자' 라던가 '수치를 이런 식으로 기입하는 건 좀 잘못된 것 아닌가' 등등 이런저런 생각들을 해나가게 됩니다. 그런데 그러한 판단 기준으로서의 철학을 사장이 먼저 가지고 있지 않으면 이는 불가능할 것입니다. 우선 사장 스스로가 열심히 공부하여 자신만의 올바른 철학을 확립시킨 다음에야 그것을 경영에 적용할 수가 있습니다.

그러나 중소기업의 경우, 실제로 회사를 경영하고 있으면서도 경영의 축이 되는 철학을 가지고 있지 않은 분들이 태반이지요. 예를 들어 부친이 고향에서 중소기업을 운영 중이고 아들은 다른 회사에 다니고 있었는데, 부친의 건강이 안 좋아지는 바람에 아들이 회사를 그만두고 고향으로 내려갔다고 합시다. 직원이 스무 명 남짓한 부친의 중소기업에서 처음에는 상무나 전무로 시작해서 아버지와 함께 회사를 경영합니다. 부사장도 사장님 자제분이 내려오셨다며 깍듯이 대우해주지요. 그렇게 회사가 어떻게든 굴러갑니다.

그런데 상무 혹은 전무라는 직함을 받고 또 높은 연봉도 받고, 그다음엔 무얼 합니까. 회사에 대해 지금 아무것도 모를 테지요. 그런데도 청년회의소에 나가서 제법 그럴듯한 경영자 행세를 하며 경영이 어쩌고저쩌고 논쟁들을 벌입니다. 그게 재미있어서 회사 일은 내 팽개쳐두고 바깥일에만 온통 정신이 팔려 있지요. 그리고 조금 이름이 알려지면 상공회의소에 가입을 하기도 하고요.

그러다가 남들이 권하니 별생각 없이 세이와주쿠 강의에 나와 봅니다. 와서 강의를 듣고 어안이 벙벙해져선 그냥 멍하니 앉아있지요. "자네는 무엇을 위해 경영을 하나?" 하고 물으면, "원래는 아버지 직업을 물려받기 싫었지만 별수 없이……"라는 대답이 날아옵니다. 대개가 이런 식이지요.

사실 부모님께서 하시던 작은 회사를 이어받고 싶은 사람이 몇이나 되겠습니까. 제법 폼 나는 대기업에 들어갔지만, 여기도 좀 다녀보니 대충 앞날이 뻔히 보이는 인생이라 못 이기는 척 아버지 곁으로 돌아온 거지요. 이런 이들은 대부분 중소기업 경영을 우습게 보고 자만하기 십상입니다. 그러니 '경영자로서 어떠한 자각을 가지고 있는가' 하는 저의 물음에 대답할 수 있을 리 만무하지요.

직원이 몇이냐고 물으니 서른 명이라 합니다. 저는 그에게 이렇게 말해 주었습니다.

"그거 정말 엄청난 일 아닌가. 자네 회사에 직원이 서른 명 있다는 말은, 한 명당 가족이 서너 명씩 딸렸다고 치면 다 합해서 백수십 명의 사람을 자네가 부양한다는 뜻일세. 그러니 만약 자네가 열심히 회사를 경영하지 않는 바람에 직원들 보너스를 못 주거나 혹 정리해고라도 하게 되면, 그땐 직원들의 처지가 어찌 되겠나. 자네는 단지 부친의 사업을 물려받은 것이 아니라, 그 안에 있는 직원들의 고용을 보장하고 그 사람들의 삶을 지켜나갈 사회적 책임도 함께 물려받은 것이네. 그런데도 자네는 오로지 회사 밖으로만 돌고 노는 데만 정신이 팔려 있지 않은가. 그럴 시간에 사업에 더욱 힘을 쏟고 직원들을 위해 일하게. 자네가 회사를 훌륭하게 키워가는 일은 지역사회와 이 나라 경제, 사회에 대단히 중요한 일이라는 사실을 좀 더 자각해야 하네."

안이한 사고방식을 가진 경영자들에게는 자신만의

철학을 가지라고 말합니다. 마음을 다잡고 공부하면 스스로를 바꿀 수 있습니다. 직원들에게도 자신 있게 "이제부터 저는 이러한 생각을 가지고 경영에 임하겠습니다" 하고 말할 수 있게 되지요. 그러면 직원들은 '우리 전무님이 변했구나', '이런 전무님이라면 한번 믿고 따라가 보자' 하는 생각을 갖게 되고, 마음들이 한데 모입니다. 이때부터 회사가 비로소 제대로 돌아가기 시작합니다.

이제는 부친이 운영하던 시절에 비해 몰라보게 좋아졌다는 평판을 받게 되고, 회사를 꾸려가는 기쁨이 커집니다. 그렇게 앞으로 회사를 더욱 훌륭하게 성장시켜 가려니, 이제는 나의 분신이 되어줄 사람이 필요해지지요. 이를 위해 아메바 경영을 도입하려 할 테고요. '아메바'라는 관리 시스템과 철학은 서로 떼려야 뗄 수 없는 관계에 있습니다.

아메바 경영이라는 경영방식에 단점이 있는지는 잘 모르겠지만, 아직까지 저는 그다지 문제를 못 느끼고 있습니다. 총무부나 인사부, 혹은 컴퓨터로 모든 것을 처리하는 업무의 경우는 아메바가 충분히 기능하지 못할 수도 있습니다. 그러한 부서는 회사의 경영철학을 기준으로 하여 업무를 관리하면 됩니다.

아메바 경영에서 빠지기 쉬운 함정을 굳이 들자면, 아무래도 각 조직에 대한 평가가 수치로 결정되기 때문에 좋은 실적을 내보이고 싶은 유혹에 사로잡힐 수 있다는 점이겠지요. 심지가 나약한 자가 이러한 유혹에 못 이겨 부정하게 숫자를 조작하는, 즉 사실이 아닌 꾸며진 실적을 보고하는 일이 일어날 수 있습니다. 상부에 거짓 정보를 제출하여 자신이 아메바 조직을 잘 운영하고 있다고 믿게 해놓고서 나중에 큰 문제를 일으키지요. 이러한 사태를 방지하기 위해서는 공명정대하며 용기가 있고 비겁한 행동을 하지 않는 인물을 아메바 조직의 리더로 임명해야 합니다.

또한, 직원들 중에는 '누가 시키는 대로 하는 것이 좋다'고 생각하는 이들도 꽤 높은 비율을 차지합니다. 나는 리더 체질도 아니고, 남 밑에서 시키는 대로 일하는 것이 마음 편해서 좋다는 거지요.

의욕이 떨어지는 이러한 직원들을 어떻게 불타오르게 할지 생각하는 것도 사장의 역할입니다. 수동적인 사람을 능동적이고 적극적인 사람으로 바꾸기 위해서는 어떻게 해야 하는가. 누군가가 나를 믿고 의지하고 있다고 느끼면 그 기대에 부응하고자 하는 것이 인간입니다. "부탁합니다" 하고 말하며 내가 그를 의지하고 있다는 인식을 심어주십시오. 어지간히 정 없는 사람이 아닌 이상 그 마음에 보답하려 할 것입니다.

가장 좋은 방법은 역시 술을 함께 마시는 것이지요. 술을 마시며 사장의 마음을 직원들에게 전하는 겁니다. 처음에는 좀 어색해도 괜찮습니다. 스무 명에서 서른 명 정도의 직원이 있다면 "오늘은 누구누구 씨의 생일이니까 다 같이 밥이라도 한번 먹읍시다" 하고 말해 보십시오. 맥주라도 사다 놓고 모두 함께 생일 축하 노래를 부르며 먹고 마시는 겁니다. 그 자리에서 "자네 어제 일 처리 참 좋았어" 하고 칭찬도 좀 하면서 직원들의 일에 대한 열정에 불을 지펴주십시오.

같은 말을 해도 대낮에 회의 중에 말하는 것과 밤에

술이 한 잔 들어간 뒤 말하는 것은 전혀 다르지요. 상하관계를 내려놓고 직원들과 동등한 입장이 되어, 맥주를 따라주고 맛있는 음식을 함께 나누십시오. 모두의 마음이 하나가 되어가는 것을 느낄 겁니다. 경영자가 먼저 직원들 속으로 스스럼없이 들어가, 자기 호주머니를 털어 맥주 정도는 기분 좋게 낼 줄 알아야 합니다. 직원들을 술로 구슬리라는 말이 아닙니다. 술자리에서 모두가 마음을 터놓고 이야기를 나눔으로써, 직원들이 경영자의 마음에 보다 가까워져 경영자에게 힘을 빌려줄 수 있게 된다는 뜻입니다.

저도 젊은 시절 직원들과 곧잘 술을 함께 마셨습니다. 직원들 격려차 열린 위로회였는지 아니면 회사에서 갔던 여행에서였는지 확실히 기억나진 않지만, 맥주를 마시며 이야기를 나누는데 다들 스스럼없이 마음을 열어주어서 제 생각이 쉽게 바로바로 전해진다는 느낌을 받았었지요. 그런 경험들이 쌓이고 쌓여, 직원들에게 나의 철학을 전하려면 딱딱하게 이야기하는 것보다는 이런 회식 자리를 자주 마련하여 나도 상대방도 서로 편하게 이야기를 나누는 것이 훨씬 효과적이라는 믿음을 갖게 되었습니다.

JAL에 있을 때도 틈만 나면 부하직원들과 회식 자리를 가졌습니다. 일을 마치고 저녁 6시쯤 되면 말린 오징어나 땅콩 같은 마른안주를 책상 위에 죽 늘어놓고 다 같이 캔 맥주를 홀짝였지요. 평사원 간부 할 것 없이 모두에게 똑같이 천 엔씩 걷었습니다. 업무 시간에 직원들과 나누었던 철학을, 밤이 되면 술을 앞에 놓고서 서로 또 열심히 확인했던 거지요.

처음에는 회식 자리를 대수롭지 않게 여겼던 JAL 직원들의 생각은 이내 완전히 돌아섰습니다. 나중에는 간부와 승무원, 그리고 정비사들이 한 테이블당 예닐곱 명씩 뒤죽박죽 섞여 앉아 다 같이 술을 마셨지요. 그리고 저도 그 사이에 끼었습니다. "자네 어디서 왔는가?", "네, 홋카이도 지사에서 왔습니다" 하고, 전무에 사장에 회장까지 모두 한데 어울려 스스럼없이 이야기를 주고받고 술을 함께 나누기를 여러 날. 직원들의 의식이 서서히 변해갔습니다.

제가 하고 있는 건 지극히 기초적인 것에 지나지 않습니다. 그러나 경영이라는 것은 소수의 경영진에 의한 것이 아닙니다. 자기들끼리 제아무리 기합 넣고 해봤자 결과는 뻔하지요. 하지만 '그 안에 살고 있는' 직원 모두가 일어난다면 그야말로 엄청난 힘이 됩니다. 회사가 제대로 굴러가지 않는다는 것은, 직원들의 열정을 끌어내어 경영에 힘을 보태도록 만들어주지 못했다는 뜻입니다.

그 힘을 끌어내고 싶다면 진심을 다해 직원들에게 이렇게 말하십시오. "우리 회사의 경영 목표는 '이 안에 살고 있는' 직원 여러분 모두의 행복을 추구하는 것, 오로지 그것뿐입니다. 그러니 여러분도 이러한 신념과 철학을 가지고 함께 힘을 모아 주십시오." 그러면 모든 이가 한마음으로 동참해 줄 것입니다. 전 직원이 진심으로 회사의 발전을 위해 열심히 노력하게 되지요.

일견 지극히 단순해 보이는 이러한 행동들이 직원들의 마음에 감동을 주어 저마다의 열정이 고개를 들도록 해줍니다. 현대 자본주의 사회는 정도의 차이는 있을지언정 기본적으로 성과주의에 근거하고 있지요. '열심히 일한 만큼 더 벌 수 있다'는 정책으로 사람들의 욕망을 자극하여 업무 의욕을 높이려 합니다. 그런데 제가 생각하기에, 현대 자본주의의 이러한 시스템으로는 대단히 낮은 레벨의 것들밖에 이루지 못합니다.

일전에 어떤 이의 말을 들어보니, 요즘 미국 대기업들은 주주에게 돌아가는 배당률이 8할, 9할인 곳들도 흔하다 하더군요. 그중에는 과거에 축적해 둔 자금까지 끌어다가 배당 지급률을 120퍼센트까지 올린 회사도 있다고 하고요. 깜짝 놀랄 정도로 높은 배당성향이 지금 미국에서 횡행하고 있는 것이지요.

"왜 그렇게 배당률이 높아진 건가?" 하고 물으니 "주주들과 투자자들이 자꾸만 더 많은 배당을 요구하니 그렇지요"라고 합니다. 더군다나 미국 기업은 경영 간부들이 배당과 연계하여 보수를 받는 구조로 되어 있지요. 주주들에게 이만큼의 배당금을 안겨주었으니 경영진들에게도 그 실적에 상응하는 보수를 지급해야 한다는 사고방식입니다. 이로 인해 미국 사회는 너무나 극심한 빈부 격차를 보이게 되었습니다.

미국의 경영 간부들이 수십억 엔에 달하는 연봉을 받고 있는 데 비해, 미국 일반 근로자의 급료는 일본과 별 차이가 없습니다. 월스트리트에서는 노동자들이 '상위 1퍼센트의 부를 소유한 자들이 나머지 99퍼센트와 엄청난 격차를 보이는 것은 부당하다'며 시위를 벌인 적도 있었지요.

일본 기업들도 이제는 빠르게 글로벌화가 진행되고 있습니다. 그런데 미국이 현재 이렇다 보니, 일본 본사의 사장이 미국에 있는 자회사 사장보다 적은 보수를 받게 될 가능성도 없지 않습니다. 그런 이유로 '일본 경영 간부들의 연봉이 미국과 비교해 너무 적다'고 불평하는 목소리가 높아졌습니다.

얼마 전까지만 해도 일억 엔 이상의 연봉을 받는 사람이 그리 많지 않았던 것 같은데, 이제는 삼사억 엔씩 받는 이들이 일본에도 생겨났지요. 이대로라면 점점 더 성과만을 중요시하는 사고방식이 확산되어 이 사회가 굉장히 불안정해지는 것은 아닐지 걱정이 됩니다.

인간이란 존재는 보다 고귀한 정신을 가지고 있습니다. 그러한 인간의 정신을 물리학에서 말하는 '들뜬 상태'로 만들면, 즉 고차원의 에너지로 이동시키면 분명 엄청나게 위대한 일들을 해낼 수 있을 텐데 아무도 그 사실을 깨닫지 못합니다.

경영자들에게 조언을 할 때 제가 늘 "기본적인 철학입니다" 하고 말하니까, "과연 들어보니 정말 기본적인 것들뿐이군" 하고 다들 대수롭지 않게 생각합니다. 사실은 고귀한 일을 실천하는 것인데도 말입니다.

덕의 경영을 배워라

"아버지의 뒤를 잇고 싶지 않아요. 그런 영세한 중소기업, 창피해서 싫어요." 그렇게 말하던 아들이 아버지의 설득을 받아들여 고향으로 돌아온 것까지는 좋습니다. 그런데 이런 사람들 중에는 타성에 젖어 회사를 경영하는 예가 자주 있습니다. "좋은 대학 나와 대기업에서 능력을 펼치며 한창 잘 나가던 내가 아버지를 위해서 특별히 큰맘 먹고 고향으로 내려와 준 것도 감지덕지지" 하는 생각을 가지고서는 회사가 제대로 굴러갈 리 만무하지요. 최근 세이와주쿠에 들어오는 학생들 중에는 이러한 2대, 3대 경영자들이 참 많습니다.

그렇게 대를 이은 아들들은 경영자로서의 자각이 전혀 없습니다. 노력도 안 하지요. 그런데도 전무니 상무니 하는 직함과 높은 급료를 받고서 잘난 체를 합니다. 매일 고생하며 일하는 직원들 입장에선 "무슨 저런 덜된 인간이 우리 회사 전무랍시고 거들먹거리나" 하고 진저리를 칠 수밖에요. 경영의 '경' 자도 모르는 주제에 경영자 행세를 하니 회사가 잘 안 풀리는 게 당연합니다.

운용하기에 따라선 훨씬 더 성장할 수도 있는 중소기업이 경영 세습으로 인해 주저앉습니다. 그런 회사의 후계자가 세이와주쿠에 들어오면 저는 호되게 나무랍니다. "경영이란 그런 것이 아닐세. 그 정신을 근본부터 뜯어고치게" 하고 말합니다. 세이와주쿠를 통해 그들은 경영이 어떠한 모습이어야 하는지를 깨닫고, 그제야 비로소 처음부터 다시 출발하지요. 제가 세이와주쿠를 연 것도, 경영은 그런 것이 아니라고 알려주고 싶었기 때문입니다.

대학에서 경제, 경영학부를 졸업했어도 회계를 배

운 이가 거의 없습니다. 세무사나 회계사에게 다달이 돈을 내가며 장부를 봐 달라 합니다. 그러고서 "이번 달은 좀 벌었네요", "이번 달은 적자가 났어요" 하는 보고를 받으면 "아, 그렇습니까" 하고 그걸로 끝입니다. 어떻게 하면 흑자가 되고 적자가 되는지를 이해하지 못하지요. 이런 사람들이 회사를 경영하고 있습니다.

당연히 경영자가 어떠한 사고방식과 철학을 가져야 하는지도 전혀 모릅니다. 이 나라의 고용을 지켜가는 것도, 경제를 밑바닥에서 지탱하고 있는 것도 분명 이러한 중소기업들입니다. 그러한 중책을 맡고 있는데도 그 사장이라는 사람들은 그저 경영 흉내나 내고 있다니 답답한 노릇이지요.

일본의 경우는 중소기업을 경영하게 되어도 경영에 대해 배울 수 있는 기회가 없습니다. 사실은 경영자 육성학교와 같은 기관이 있어야 하는데 말이지요. 중소기업을 정말로 살리고 싶다면 경영자 육성을 위한 장이 마련되어야 한다고 생각합니다.

그럼, 대기업 경영자들은 경영을 잘 알고 있는가 하면 또 그렇지도 않습니다. 하나같이 샐러리맨 출신들이라 경영을 잘 모르지요. 회계를 할 줄 모르던 영업부 부장이 전무쯤 되고 나서야 뒤늦게 경영에 필요한 회계를 익히고 있고요. 그런 상태로 사장이 되면 이미 늦습니다. 샐러리맨도 회계, 경리, 부기 등을 배워야 합니다. 경영이라는 것은 사업 활동의 결과로서 숫자를 산출해가는 것이므로 숫자 다루는 법을 제대로 공부해 두지 않으면 안 됩니다. 심지어 기업에 돈을 대출해주는 일을 하는 은행원들 중에도 부기를 모르는 이가 있더군요. 그런 사람이 지점장 자리에 떡하니 앉아있습니다. 이런 자가 중소기업에 임원으로 들어온대도 아무런 도움이 되지 않겠지요.

진정한 경영을 배울 수 있는 경영자 육성학교가 없으니 저라도 그 역할을 해야겠다 싶어 세이와주쿠를 만들었습니다. 현재 8천 명 정도가 이곳에서 경영을 배우고 있지요. 세이와주쿠에 이렇게나 많은 경영자가 모이는 이유는 다음의 세 가지를 들 수 있을 것 같습니다.

우선, 중소기업과 중견기업 경영자들은 기업 경영에 관한 모든 막중한 책임을 온전히 혼자서 짊어지고 있습니다. 현재 회사가 순조롭게 운영되고 있는 이들도 또 그렇지 않은 이들도 모두 마찬가지로, 경영에 진지하고 성실하게 임할수록 그 무거운 책임감에 짓눌리는 듯한 하루하루를 살고 있을 것입니다. 그런 의미에서 경영자는 고독한 사람이라고들 말하지요.

극단적으로 말하면 경영자는 자신의 고민을 2인자, 3인자와도 공유할 수 없습니다. 설령 신뢰할 수 있는 심복이 있다 하더라도 내 고민을 주절주절 다 늘어놓는 것은 문제가 있기 때문에, 마음속 깊이 감추고서 오롯이 혼자서 모든 결단을 내리지 않으면 안 됩니다. 그래서 경영자라는 이들은 측은할 정도로 고독한 존재입니다. 집에 돌아가 아내에게 고민을 털어놓는 것도 쉽지 않을 테고요.

그렇기에 같은 고민을 가진 경영자들이 세이와주쿠에 모여 남에게 말 못 할 고민과 괴로움을 공유하는 것은 서로에게 정말 큰 힘이 됩니다. 모두가 자신과 똑같은 입장에 있는 경영자들이니, 나의 약한 부분을 내보이고 고민을 털어놓는다 해서 나에게 해가 될 일도 없을뿐더러 오히려 마음으로 공감하고 격려해주니 말입니다. 이 사람들에게라면 뭐든지 믿고 말할 수 있다는 안도감이 들겠지요.

두 번째는, 경영자라면 누구나 회사를 잘 경영할 수 있는 방법을 고민하기 때문에 "이렇게 한번 해보십시오" 하는 조언을 받고 싶어 합니다. 최대의 고민은 직원들을 어떻게 하나로 결속시키는가, 어떠한 이념과 철학으로 그들을 이끌어가야 하는가 하는 문제이지요. 당연히 돈으로 혹은 명예로 통솔해야 한다는 의견도 나옵니다. 이렇게 말하긴 죄송하지만, 중소기업 경영자들 중에 공부를 많이 한 사람은 그리 많지 않습니다. 그래서 위계질서부터 따지고 근성만 강조하는 분들은 "나만 믿고 그냥 따라와라" 하는 식이 되어버리지요.

직원들을 이끌어갈 수 있는 힘은 그런 게 아닙니다. 바로 경영자의 인간적인 매력이지요. 직원들이 경영자를 믿고 따를지 그렇지 않을지는 오로지 그 경영자가 어떠한 사고방식과 사상을 가지고 있는가에 달려있습니다. 바로 그러한 경영자의 매력으로 직원들을 이끌어가야 하는 것입니다.

이때 가장 중요한 점은, 고난이 훌륭한 인격을 만든다는 사실입니다. 고생해본 적이 없는 인간은 매력도 없고 직원들도 따르지 않습니다. "나는 지금까지 이런 일들을 겪으며 살아왔습니다" 하고 직원들에게 이야기해 보십시오. 고난과 역경을 이겨낸 사장님의 인생 이야기는 직원들에게 제법 멋지게 들리기 마련이지요. 경영자의 고생담을 듣고서 '우리 사장님이 그런 일들을 겪으셨구나', '요즘 우리 사장님이 한층 더 기품 있게 느껴지네' 하고 생각하게 됩니다.

세이와주쿠에 오는 경영자들은 어느 순간 갑자기 이러한 것들을 깨닫게 됩니다. 그리고는 수첩에 열심히 메모를 해서 회사로 들고 갑니다. 모임에 올 때마다 여러 가지 사실을 발견하게 되니 굉장히 즐거울 테지요.

세 번째로, 세이와주쿠에는 더 나은 경영자가 되고

싶어 하는 이들이 모여 있다는 점입니다. 경영자의 인간성을 갈고 닦는 데 가장 중요한 것은 배려입니다. 불교에서 말하는 자비의 마음이지요. 그러한 마음이 바탕에 깔려있지 않으면 나 혼자 잘 먹고 잘 살고 보자는 사고방식을 가지게 됩니다. 배려라는 것은 기업의 이윤 추구와 대립하는 가치인 듯 보이지만 사실은 그렇지 않습니다. 고객과 직원을 소중히 여기고 모든 이를 행복하게 만드는 것이 가장 우선이 되어야 합니다. 세이와주쿠에서는 어느 학생과 이야기를 나누어보아도 늘 이타利他 정신이 느껴지지요.

요즘 세상에 이렇게까지 곧이곧대로 성실한 사람들은 아마 찾아보기 힘들 겁니다. 그 정도로 이타라고 하는 단어와 사고방식은 세이와주쿠 학생들 사이의 대화에서 매우 빈번하게 등장하지요. 그러한 사고와 신조를 가진 이들은 자연히 상대방을 배려하기 때문에, 세이와주쿠는 언제나 분위기가 따뜻해서 참 좋습니다.

저는 강연을 부탁받아도 좀처럼 응하지 않습니다. 거기 가서 제가 이타 정신에 대해 이야기해 봤자, 그걸 듣는 사람들은 '나만 잘난' 자들이 태반이라 분위기가 좋지 않기 때문입니다. 그 안에는 제 생각에 동의하는 사람도 있을지 모르지만, 대부분이 '말만 번드르르하지 어차피 다 위선 아닌가' 하며 깔보는 자들이지요. 그런 곳은 분위기가 탁하고 사람들 표정도 다릅니다. 세이와주쿠에는 그런 사람이 없으니 모두가 즐겁지요. 그러니 바쁜 시간을 쪼개서라도 꼭 모임에 나가는 것이고요.

지금의 사회는 기본적으로 마땅히 지켜야 할 규범이라는 것 자체가 없어지고 말았습니다. 기업 또한 마찬가지지요. 이 세상에서 규범이 사라져버렸기에 저는 세이와주쿠를 만들었고 또 이어가고 있습니다. 그러한 규범들을 내가 가르쳐보자 하는 마음으로요.

예전에는 부모가 자식들에게 도덕심을 철저하게 가르쳤습니다. 그런데 지금은 아이를 절대로 엄하게 키워선 안 된다고 생각하는 풍조까지 생겨났지요. 그래서 요즘은 하고 싶은 것 다 하며 자란 사람들 천지입니다. 원시적이고 기본적이고 단순한 원리원칙을 망각하고, 누구든 제멋대로 살면 된다고 믿는 세상이 됐지요.

그런데 저는 기초적이고 단순한 윤리관을 어쩌다 저의 경영철학으로 삼아 회사를 경영해올 수 있었던 것이 참으로 다행이라 생각합니다. 사실 그 당시 경영 경험이 전무하여 오로지 그것밖에 기댈 곳이 없었기 때문이었지요. 저처럼 여러분도 그렇게 하시면 됩니다. 그런 기초적인 윤리관이 없으면 인생을 그르치고 경영을 실패하게 된다는 사실을 역사가 증명해주고 있음에도 불구하고 그 누구도 이를 깨닫지 못했습니다.

예전에 무라카미펀드의 대표였던 무라카미 요시아키 씨가 "많이 버는 게 뭐가 나쁩니까? 나는 잘못한 것이 없습니다. 자꾸만 돈이 들어온 것뿐입니다" 하고 말했지요. 라이브도어의 사장이었던 호리에 다카후미 씨도 결국 경영이 무엇인지 알지 못했습니다(일본 벤처 신화의 주역이었던 호리에 다카후미가 2006년 도쿄 지검 특수부에 의해 증권거래법 위반 혐의로 체포되었으며, 수사 과정에서 일본 펀드업계의 '신의 손' 무라카미 요시아키 또한 내부자 거래

혐의가 밝혀져 잇달아 체포되었다−옮긴이). 참 무섭다 해야 할지, 그러한 것들이 이미 당연한 듯 되어버린 세상입니다.

매사에 나만 생각하는 이기적인 자아와 박애 정신이 넘치고 따뜻하게 배려할 줄 아는 참된 자아. 인간은 누구나 이러한 두 가지 마음을 가지고 있습니다. 참된 자아는 아주 조용하고 얌전해서 좀체 밖으로 나오지 않지만, 다른 한 녀석은 자꾸만 '내가', '나만' 하고 외치며 밖으로 뛰쳐나오기 일쑤지요. 불교에서는 이것을 번뇌라고 부르는데, 이 번뇌를 다스리지 못하면 아름답고 따뜻한 행위는 발현되지 않는다고 합니다. 그런데 사람들은 자기 내면에 상반된 두 마음이 공존한다는 사실조차 깨닫지 못하지요. 겉으로 쉽게 드러나는 이기적인 자아만이 존재한다고 모두들 오해를 하고 있습니다. 참 자아라는, 따뜻한 배려로 가득 찬 아름다운 마음이 내 안에 있다는 것을 모르지요.

이기적인 자아가 시키는 대로 인생을 걸어가면 인간관계도 결코 좋을 수가 없습니다. 가정에서도 남편은 남편대로, 아내는 아내대로 제멋대로지요. 이기심과 이기심이 부딪치니까요. 이래서는 가정도 사회도 원활하게 유지되지 못합니다. 이기적인 나와 순수한 내가, 이기심과 이타심이 인간의 마음속에는 함께 살고 있습니다. 그렇기에 우리는 기본적인 윤리관을 가지고 이기적인 나를 다스려야 한다고, 세이와주쿠 학생들에게 저는 늘 이야기합니다.

2장

왜 경영을 하는가

경영은 재능과는 상관없다

"경영자란 무엇인가. 참 좋은 질문입니다. 다소 철학적이라 대답하기 어렵긴 합니다만, 그야말로 리트머스시험지와 같은 질문이네요. 이 물음에 즉시 답을 할 수 있는지 여부가 세이와주쿠에서 이나모리 철학을 얼마나 잘 소화하여 내 것으로 만들었는지를 알 수 있을 척도가 될 테니까요. 저도 경영자로서 참 산전수전 다 겪어온 몸이니, 조금은 참고가 될 만한 이야기를 들려드릴 수 있지 않을까 합니다."

사카모토 다카시 씨. 도쿄의 긴자에서 '나의 프렌치', '나의 이탈리안' 등 인기 레스토랑을 경영하는 '나의 주식회사' 사장이다. 어쩌면 '북오프 코퍼레이

션' 의 창업자라는 타이틀이 아직 많은 이들에게는 더 친숙할지 모르겠다.

사카모토 씨가 중고서적 판매점인 북오프를 가나가 와현 사가미하라시에 창업한 것은 1990년. 기존의 헌 책방 이미지를 완전히 털어낸 밝고 넓은 매장 인테리 어는 순식간에 소비자들의 마음을 사로잡았다. 사카모 토 씨가 사장과 회장을 맡았던 시절에는 매장을 국내 외 총 800개까지 확대하였고, 2005년에는 도쿄증권거 래소 1부에 상장하는 쾌거를 이루어냈다.

그러나 2년 후인 2007년, 시사주간지 〈주간문춘週刊 文春〉이 북오프 내의 비리를 고발하는 기사를 게재하였 다. 이에 사카모토 씨는 매상을 허위로 부풀린 데 대한 책임을 지고, 기사가 보도된 다음 달 전격 사퇴했다.

"이제 와 말해봤자 무슨 소용이 있겠습니까마는, 매 상 부풀리기를 저지른 당사자가 회사를 그만두고 나서 주간지에 제보를 했더군요. 액수로 치면 회사 전체 매 출의 몇 천 분의 일입니다. 그런데 그 이야기를 한껏 부풀려서 기사로 내보내니 그리된 거지요. 그 간부에게 심한 배신감을 느끼기도 했습니다."

사람을 어디까지 믿어야 할까. 북오프의 회장직에
서 내려온 뒤 사카모토 씨는 고뇌에 몸부림치는 날들
을 보내야 했다. 성선설과 성악설이 머릿속에서 뒤섞
였다. 그런 가운데 그는 구원을 바라는 심정으로 세이
와주쿠를 열심히 드나들었다.

사카모토 씨가 세이와주쿠에 처음 들어간 것은
1995년으로, 학생들 중에서도 꽤 고참에 속한다. 북
오프의 성공으로 각종 매체에 널리 이름을 알리게 된
이후에도, 그리고 주식이 상장되고 나서도 늘 세이와
주쿠에 부지런히 출석하며 이나모리 씨의 강의를 들
었다.

북오프 비리사건으로 인한 소란이 한창일 당시, 사
실 사카모토 씨는 세 번이나 이나모리 씨에게 상담을
하러 갔었다.

"처음에 제가 먼저 연락드린 것이 아니라, 도쿄의
교세라 사업소로 오라는 선생님의 연락을 받고서 찾아
뵈었습니다. '자네는 세이와주쿠에서 그저 배우는 시

늠만 하고 있었던 겐가? 도대체 무얼 공부한 것인가' 하는 그 말씀에 정신이 번쩍 들었지요. 왜 그리 혼을 내시는지 그때는 몰랐습니다. 나중에 깨달았지요. 지금까지 얽매여있던 굴레를 벗어던지고 다시 한번 일어나 앞으로 걸어 나가라는 질타와 격려의 의미였다는 것을요. 보도의 진위에 대해서는 일체 묻지도 않으셨습니다. 그저 이렇게 말씀하셨지요. '필시 자네 마음속 무언가가 그러한 사건이 일어나도록 만든 것이네' 하고요."

'내 안의 무언가가 그리 만들었다.' 그 말이 사카모토 씨의 가슴에 깊숙이 와 박혔다. 대체 무엇이 잘못이었단 말인가. 피해자는 바로 나인데……. 그러한 이야기를 듣고 나서 그는 노여운 마음을 억누르며 '내 마음속 그 무엇'을 매일같이 찾아 헤맸다. 그리고 이렇게 생각하기에 이르렀다.

"그건 역시 자만심이었을 테지요. 저는 북오프를 창업해서 도쿄증권거래소 1부에 상장시키고 시가총액 5백억 엔의 기업으로 만들었습니다. 매스컴에서도 잘

났다고 치켜세워주니 우쭐해져선 그만 겸손을 잃었던 것 같습니다. 높은 산에 오를 때일수록 용의주도하게 계획을 세워야 되지 않습니까. 정상을 향해 올라갈 때는 조심조심 나아가니 쉽사리 자만하지는 않지요. 하지만 사건이 터진 당시에 저는 산 정상에 선 상태였습니다. 북오프는 당시 일본 내의 시장 점유율이 압도적으로 1위를 점하고 있어 타의 추종을 불허하는 위치에 있었으니까요. 그와 같은 비즈니스 모델은 세계 어디에도 없었습니다. 실제로 세계 각지에 진출한 북오프 매장들도 모두 성공을 거뒀지요. 그리고 서적 판매로 쌓은 노하우를 다른 중고물품 판매에도 적용하여 사업을 확장해 가고 있었고요. 한마디로 의기양양하게 산 정상에 걸터앉아 술이나 마시고 있었던 거지요. 남에게 등 떠밀려서가 아니라 제 스스로 다음번 도전할 산을 찾아냈다면 참 좋았을 텐데 말입니다."

정말로 자만 때문이냐고 일부러 짓궂게 되묻자, 사카모토 씨는 이렇게 대답했다.

"글쎄 어떨까요. 정작 내가 나를 잘 모르는 법이지

요. 하지만 아무런 이유도 없이 사건이 일어나진 않습니다. 무언가 계기가 있었을 테고, 그것은 바로 제 마음에서 비롯된 것이리라 생각합니다. 그게 무엇인지는 확실히 알 수 없지만 말이지요. 그러한 사건을 일으켰다는 사실 자체가 사장으로서의 자질이 부족했다는 증거입니다. '부덕의 소치'라는 말이 있지요. 스스로의 부덕을 깨닫고 마음속 깊이 반성하는 수밖에 없습니다. 하고 싶은 말이 있어도 삼키고 그저 '제 탓입니다' 해야 합니다. 이나모리 선생님께선 늘 이렇게 말씀하시지요. '고난에 직면하는 것은 그가 완벽하지 않기 때문이다. 그러나 그 고난은 노력으로 반드시 이겨낼 수 있다. 인간은 고난을 극복하며 한 걸음 한 걸음 성장한다'고요."

사카모토 씨는 1940년 야마나시현 고후시에서 태어났다. 그의 집은 쌀과 보리를 도정하는 공장을 운영하고 있었다. 경영 상태가 그다지 좋지 못해서 할아버지와 아버지는 밤마다 거실에 앉아 자금을 변통할 방법을 궁리했다. "여기 이 거래처에서 밀린 돈을 받아내면 월말에 은행에다 갚을 수 있겠군." 그는 이러한 이야기들을 배경음악 삼아 바로 옆에 앉아서 밥을 먹곤 했다.

이와 같은 어린 시절을 보낸 사카모토 씨의 머릿속엔 '생활비는 자기 힘으로 벌어야 한다'는 사고방식이 뿌리 깊이 새겨져 있다. 샐러리맨 경험은 전무하다. 도쿄에 있는 대학을 졸업한 뒤 가업을 도왔는데, 농협의 하청을 받아 일하는 것을 참지 못해 나이 서른에 집에서 독립했다. 그 후 오디오 기기 판매업이나 부동산 사업 등을 잇달아 벌여나갔다. 하나의 사업을 접고 새로운 사업을 벌이는 일은 그에게 그저 '직장인이 전근 가는 느낌'이라 한다.

"스스로도 제가 뼛속까지 사업가라고 느낍니다. 그래서 직장인들이 상사에게 싫은 소리를 듣고 의기소침해 하는 그 심정이 잘 이해가 안 가요. 그럴 거면 차라리 자기가 사업을 차리면 될 게 아닌가 하는 의문이 드는 거지요. 이런 사고회로는 아무래도 저의 성장과정 때문일 겁니다."

사업가로서의 전적은 '2승 10패'. 2승 중 하나는 북오프, 또 하나는 그 직전에 했던 중고 피아노 판매업이다. 10연패를 기록한 뒤에야 겨우 발견해낸 커다란 가능성. 북오프는 창업한 지 불과 5년 만에 직영점과 가맹점을 합해 100개가 넘는 매장을 운영하게 되었다. 누가 봐도 탄탄대로였다.

그러나 사카모토 씨의 마음속에는 무언가 석연치 않은 점이 있었다. 북오프라는 비즈니스 모델의 핵심은 헌책을 매입하는 데 있다. 고객들로 하여금 계속해서 헌책을 팔러 오게 하려면 매입가격 이상으로 고객에 대한 응대가 대단히 중요하다. 하지만 당시 가맹점주들에게 아무리 그 사실을 강조해도 반응이 영 시원찮았다. 애써 직원교육에 힘을 쏟지 않아도, 새로 오픈한 중고서점은 그럭저럭 장사가 잘 되었기 때문이다. 이대로 가다가는 북오프 체인이 와해될 우려가 있었다. 사카모토 씨는 어떻게 하면 가맹점주들의 의식을 바꿀 수 있을지 고민하고 있었다.

그때 그는 우연히 서점에서 한 권의 책을 집어 들게 된다. 그 책에는 이런 말이 쓰여 있었다.

회사는 사장 혼자만의 것이 아닌, 직원 모두의 행복을 위해 존재하는 것입니다. 그러니 경영자는 우선 자신의 마음을 닦으십시오. 또한 다른 사람을 위해 헌신하고, 다른 사람을 위해 땀을 흘리십시오.

사카모토 씨는 납득이 되지 않았다.

"마음은 닦아 무얼 하나 싶었지요. 더욱 이해가 안 갔던 건, 남을 위해 일하라는 그 이타 정신이었습니다. 당시 저는 북오프를 경영하느라 그야말로 얼굴에 파리가 날아와 앉아도 쫓을 겨를이 없을 만큼 바빴어요. 그리고 다른 경영자들 역시 보통은 저처럼 눈앞에 닥친 자기 일을 생각하는 데만도 정신이 없을 것 아닙니까. 여유가 많다면 이해하겠지만, 전혀 그럴 여유가 없는데 이타심을 가질 수 있을 리가 없지요. 그런 생각을 하며 저자의 이름을 보니 '교세라 창업자 이나모리 가즈오'라 적혀있더군요."

그는 책의 내용을 수긍하지 못하면서도 무슨 이유에선지 책을 손에서 놓을 수가 없었다. 그리고 이상한 감정에 사로잡힌 채 무언가에 이끌리듯 세이와주쿠의 문을 두드렸다.

돈 버는 기술을 가르치는 강좌는 이 세상에 셀 수 없이 많다. 그리고 틀림없이 세이와주쿠에서도 그런 이야기나 할 것이라고 사카모토 씨는 생각했다. 그러나 그것은 큰 착각이었다. 어떻게 하면 돈을 벌 수 있는가 하는 이야기는 일절 하지 않았다. 왜 우리는 이 세상에 태어났는가. 그러한 철학적인 물음을 주제로 거침없이 이야기를 이어나갔다. 사카모토 씨는 그만 눈이 동그래졌다.

게다가 이나모리 씨는 이렇게 단언하는 것이었다.

"사람이 이 땅에 태어난 이유는 바로 영혼을 닦기 위해서입니다. 영혼을 아름답게 가꾸어가기 위해 이 세상에는 수많은 기쁨과 슬픔, 괴로움이 존재합니다. 삶의 방식은 사람마다 제각기 다르겠지요. 어떤 이는 가족을 행복하게 하기 위해 살고, 또 어떤 이는 세상에 나의 이름을 널리 알리기 위해 삽니다. 그러나 영혼을 닦는 일은 공통적으로 모든 사람의 바탕이 되는 것이며, 모두에게 평등하게 주어진 삶입니다. 그리고 특히 인생 후반은 영혼을 닦기 위해 존재하는 시간이지요.”

그 말들이 이나모리 씨가 내뿜는 기세와 함께 사카모토 씨의 몸속에 빠르게 스미는 것을 느꼈다. 그때부터 그는 세이와주쿠에 빈번히 드나들게 되었고, 점차로 이러한 확신을 얻게 되었다.

‘이제까지는 오로지 내 일만 생각해 왔다. 내가 돈을 버는 것. 내가 풍족한 생활을 누리는 것. 내 명예를 드높이는 것. 그러나 그 누구도 자기만 생각하는 경영자와 함께 가려 하지 않을 것이다. 노하우만 얻어 가면 된다고 생각하는 가맹점주들의 마음을 변화시키기 위해서는 우선 나부터 변화해야 한다. 이타심, 즉 나 아닌 다른 사람을 행복하게 만들겠다는 마음을 갖지 않으면 회사는 발전하지 못할 것이다.’

원체 사업욕이 왕성한 사카모토 씨였기에, 그 욕망을 자신이 아닌 타인에게 향함으로써 북오프는 더욱 빠르게 성장해나갔다. 북오프의 성공 뒤에는 이나모리 철학이 있었다.

그런 사카모토 씨가 꿈에도 생각지 못한 형태로 북오프를 등지고 말았다. 퇴임 직후에는 평생을 걸어온 사업가 외길 인생에 그만 종지부를 찍으려는 생각도 했었다고 한다.

"차라리 하와이에 콘도라도 하나 사서 골프장이나 운영하며 유흥으로 여생을 보낼까도 생각했지요. 곧 일흔을 바라보고 있었기도 했고요. 그런데 선생님께 혼쭐이 나고서 마음을 고쳐먹었습니다. 선생님께선 처음에는 무서운 표정을 지으시더니, 제가 돌아갈 적에는 '무슨 일이 됐든 힘들 땐 꼭 상의하러 오게' 하고 말씀하셨지요. 늘 저를 지켜보고 있다는 선생님의 격려가 참 마음 든든했습니다. 항상 이런 말씀을 하시지요. '나 혼자만 행복해지려 하지 말고, 주위 사람들과 함께 하나의 집단을 만들어 그 사람들을 행복하게 하라' 고 말입니다. 제 자신도 북오프에서 미처 다 이루지 못한 것들이 있고 해서, 한 번 더 가보자고 결심했지요. 그로부터 얼마 후, 저보다 8살이나 많으신 선생님께서 JAL의 재건에 온 힘을 쏟고 계시더군요. 그 모습을 보고 전 하와이로 이사 가지 않아 정말 다행이라고 생각했습니다. 그때 그대로 은퇴했다면 선생님을 뵐 낯이 없었을 테니까요."

사카모토 씨가 북오프에서 못다 이룬 일이란 바로, 직원들이 각자의 능력을 마음껏 펼칠 수 있는 독립적인 장치를 만드는 것이다. 누군가의 지시를 받고 일하는 것이 아니라, 되도록 많은 직원이 경영자와 같은 마인드를 가지고 자신의 재량으로 일을 처리해 나갈 수 있는 새로운 비즈니스 모델을 만드는 일이다.

"인간의 잠재능력이란 참 대단한 것이지요. 프랜차이즈 분점보다 한발 더 나아간 형태의 장을 마련하여, 직원들로 하여금 그 능력을 유감없이 발휘할 수 있도록 해주고 싶었습니다." 와신상담의 시간을 거친 사카모토 씨는 2009년 요식기업을 설립한다.

그가 요식업계에 주목하게 된 것은 요리사들이 처해있는 현실을 접하면서부터였다. 아무리 실력을 쌓아도 주방장이 되지 못하면 마음대로 요리를 만들 수 없다. 급여수준도 낮기 때문에 창업 자금을 모으는 것 또한 여의치가 않아서, 끝내는 요식업계를 등지는 이들이 많다. 그런데 또 한편으로는, 특색 있는 요리로 고객을 사로잡는 개인 소유의 작은 식당이 거대 자본을 등에 업은 체인점과 대등하게 싸울 수도 있는 것이 바로 요식업 분야다. 이렇게 개인의 역량에 승패가 달려 있다는 점이 사카모토 씨가 구상하고 있던 것을 실현하기에 안성맞춤이었던 것이다.

그렇게 맨 처음 꼬치구이 전문점을 열었으나 대참패. 고객을 끌어들이기 위해 생맥주를 99엔에 판매하는 등, 대중적인 선술집과 똑같은 전략으로 맞섰으나 실패의 연속이었다 한다. 그래서 다시 철저한 조사에 들어갔다. 불황에도 끄떡없는 음식점들은 있기 마련이다. 경기에 상관없이 늘 장사가 잘 되는 가게 100군데를 뽑아봤더니, 미슐랭가이드에서 별을 받은 일류 레스토랑 아니면 서서 먹는 저렴한 가게가 대부분이었다. 이러한 조사 결과에 착안한 것이 바로 '미슐랭급의 요리사가 요리하는, 서서 먹는 저렴한 가게'. 입식立食 형태를 채택해 객석 회전율을 높임으로써, 다른 레스토랑에서 수천 엔을 호가하는 고급요리를 단돈 천엔 정도에 제공 가능토록 했다. 이러한 콘셉트가 대히트를 쳐 순식간에 몇 달 치 예약이 꽉 찼다.

사업가로서 또 한 번의 승리를 거둔 사카모토 씨는 이로써 3승 10패의 전적을 기록하게 되었다. "사카모토 씨는 역시 장사 수완을 타고나신 것 같네요" 하니, 고개를 크게 가로저으며 이렇게 말했다.

"제 재능은 그저 평범한 수준입니다. 열 번이나 사업에 실패하지 않았습니까. 단지 최선을 다해 이나모리 철학을 실행하고 있을 뿐이지요. 선생님께서도 이렇게 말씀하셨습니다. '경영의 원점 12개조'를 우직하게 실천해 간다면 누구라도 교세라 급의 회사를 만들고 이끌어갈 수가 있다고. 즉 '경영은 재능과 상관없다'고 말이지요. 그 말씀을 듣고 저는 매우 큰 용기를 얻었습니다."

'경영의 원점 12개조'란 이나모리 씨가 교세라 창업 시기에 정리한 것으로, 이른바 '경영의 진수'라 일컬어진다.

1. 사업의 목적과 의의를 명확히 하라
2. 구체적인 목표를 세워라
3. 강렬한 소망을 마음에 품어라
4. 누구에게도 지지 않을 만큼 노력하라
5. 매출은 최대로, 경비는 최소로 하라
6. 가격 책정은 경영이다
7. 경영은 강한 의지로 결정된다
8. 불타는 투혼을 가져라
9. 용기를 가지고 매사에 임하라
10. 항상 창조적인 일을 하라
11. 배려하는 마음을 가지고 성실하게 일하라
12. 항상 밝고 긍정적으로, 꿈과 희망을 품고 꾸밈없는 마음

사카모토 씨는 북오프 시절에도, 그리고 현재 요식 사업을 시작하고 나서도 이 '경영의 원점 12개조'를 마음속 깊이 새겨두고 경영에 임해왔다. 그는 말했다.

"저는 재능은 없지만, 스승의 가르침을 믿는 힘이 남들보다 강했는지도 모릅니다."

72세의 나이에 다시금 각종 매체로부터 각광을 받는 사카모토 씨지만, 이나모리 씨와의 사제 관계는 앞으로도 변함없을 것이다.

"저는 아직도 선생님의 가르침을 고작 1할 정도밖에 배우지 못했다 생각합니다. 세이와주쿠 경영연구 모임에 가면 선생님께 직접 질문할 수 있는 시간이 있는데, 많은 학생이 사람 냄새나는 상담 주제들을 들고 옵니다. '저희 형제는 부친의 사업을 물려받아 경영하고 있는데, 동생과 의견 충돌이 있어 큰일입니다. 어찌 해야 할까요' 같은 것들이지요. 누가 질문을 할 때 저는 선생님께서 어떤 대답을 하실지 늘 속으로 예측을 해봅니다만, 거의 항상 틀립니다. 열 번 중 겨우 한 번 정도 맞추지요. '아, 이러한 사고방식을 가져야 하는 구나' 하고 매번 놀랍니다. 겸손 떠는 것이 아니라 정말로 이나모리 철학의 십 분의 일밖에 아직 못 배운 겁니다. 이렇게 배울 게 아직 9할이나 남아있는데도 선생님께선 JAL에서 그런 엄청난 일을 해내시고서 또 저만치 앞서가시지 않았습니까. 정말 대단하다는 생각밖에 안 들어요. 하지만 저는 스스로의 미숙함을 깨닫고 죽는 순간까지 노력할 수 있는 사람만이 경영자가 될 자격이 있다고 생각합니다. 이 나이 먹고도 끝까지 뒤를 따르고 싶은 그런 스승을 가진 저는 참 행복한 사람인 것 같습니다."

경영이란 무엇인가

요나고 공항에서 왼편으로 바다를 바라보며 차로 20분을 달려간 곳. 큰길을 벗어나 좁다란 외길로 접어든 주택가에 오하타 겐 씨가 마중을 나와주었다.

오하타 씨는 돗토리현 요나고시에서 덕스Duks라는 회사를 30년 넘게 경영하고 있다. 자동차 딜러나 일반 소비자를 대상으로 한 자동차 유리 판매 및 교체가 사업의 주를 이루고 있다. 산인 · 산요 지역을 중심으로 수도권과 도호쿠 등까지 포함해 전국에 20여 개의 지점을 가지고 있다. 대부분의 동종 업체들이 보통 근거지 내에서만 영업을 하는 데 반해, 덕스는 전국에 걸쳐 적극적으로 사업을 전개하고 있어 상당히 드문 케이스에 속한다. 덕분에 오하타 씨는 업계에서 풍운아로 제법 이름을 날리고 있다.

사실 덕스 본사는 탁 트인 큰길가에 자리하고 있다. 이 주택가에 있는 건물은 구 본사로, 지금은 사원연수 때만 사용하고 있다. 평소 인적도 없는 옛 본사로 굳이 찾아간 이유는 단 하나, '그 방'을 구경하기 위해서다. 이름하여 '이나모리 가즈오의 방'.

작은 글씨로 '이나모리 가즈오의 방'이라 쓰여있는 문을 여니, 어른 키만큼이나 높은 커다란 유리 진열장이 먼저 눈에 들어왔다. 안을 들여다보니, 실제로 이나모리 씨가 사용했던 유리컵과 친필 사인이 들어간 이나모리 씨의 저서 등이 진열되어 있었다. 오하타 씨가 쑥스러워하며 말했다.

"이나모리 선생님의 온기가 느껴지는 유리잔을 꼭 소장하고 싶어서, 세이와주쿠 정기 모임이 열렸던 호텔 직원에게 부탁하여 살짝 챙겨왔습니다."

안쪽으로 들어가자 이나모리 씨의 모든 저서와 영상물을 모아둔 책장이 있었다. 그리고 한쪽 벽면은 이나모리 씨의 사진들로 가득 채워져 있었다. 다정하게 웃는 얼굴, 매서운 표정을 짓고 있는 얼굴, 탁발 수행을 하고 있는 차분한 얼굴. 오하타 씨는 회사 경영 문제로 망설이거나 길을 잃고 헤맬 때마다 '이나모리 가즈오의 방'에 혼자 틀어박힌다. 그러고는 이나모리 선생님이라면 이 난국을 어떻게 타개하실지 조용히 생각에 잠기는 것이다. 또 새해 첫날에는 이나모리 씨의 사진 앞에서 예를 갖추고 깊이 허리 숙여 인사하며 새해의 다짐을 가슴에 새기는 것이 어느새 연례행사처럼 되었다.

"이 방은 저의 신성한 공간입니다."

오하타 씨에게 이 방은 마치 예배실 혹은 고해실과 같은 곳이다. 건물 구조상 안쪽 방에서 화장실로 가려면 반드시 이 '이나모리 가즈오의 방'을 통과해야 한다. 무언가 마음에 걸리는 것이 있을 땐, 모든 것을 꿰뚫어 보는듯한 선생님의 시선이 느껴져 자기도 모르게 서둘러 방을 빠져나가게 된다고 한다. 반대로 회사 경영에 있어 떳떳하고 자신이 넘칠 때는 무의식중에 가습을 쫙 펴고 천천히 걷곤 한다.

흡사 아이돌에 열광하는 팬의 모습을 떠올리게 하는 오하타 씨의 이러한 행동들로 인해, 세이와주쿠 학생들 사이에서 그는 '추종자'라 불린다. 세이와주쿠에서는 이나모리 씨가 참석하는 정기 모임을 일 년에 10여 회 개최한다. 전국 각지를 차례로 돌며 열리는데, 매회 천 명 전후의 학생이 참가한다. 대부분의 학생은 자신이 속한 지역이나 가까운 도시에서 열리는 모임에만 참가하지만, 오하타 씨와 같은 '추종자들'은 이나모리 씨가 참석하기로 되어있는 일 년 치 정기 모임 일정을 모조리 자기 스케줄 표에 적어둔다. 그리고 어지간히 긴급한 사태가 생기지 않는 이상은 전부 다 출석한다. 이렇게 이나모리 씨를 열렬히 따르는 오하타 씨와 같은 추종자들이 세이와주쿠 내에 수백 명이나 있다고 한다.

오하타 씨는 그러나 최근 이나모리 씨와 이야기를 나누는 일이 기의 없다.

"세이와주쿠에 들어간 지 얼마 되지 않았을 때는 선

생님께 무엇이든 상의를 드릴 수 있었습니다. 그런데 이게 점점 무서워지더군요. 선생님을 뵈면 뵐수록 두려움이 커집니다. 보통의 인간관계는 만날수록 가까워지지만, 선생님과는 그 반대예요. 선생님은 언뜻 뵈면 참 온화해 보이시기 때문에 처음에 멋모를 때는 제법 가까이 다가갈 수 있습니다. 교세라 창업자와 이야기를 나눌 수 있다니, 그땐 그저 꿈만 같지요. 하지만 점점 선생님 옆에 못 가게 됩니다. 경외심이라 할까요. 그분 앞에서는 저도 모르게 몸이 굳어버려요. 저 같은 학생들이 꽤 많습니다. 다들 자기 지역에선 커다란 회사의 회장 아니면 사장인데, 선생님 앞에서는 마치 신입사원처럼 꼼짝없이 얼어붙고 마는 거지요. 저도 전형적으로 그런 부류에 속하고요."

이나모리 씨는 이른바 성공한 사람과는 거리가 멀어 보이는 그런 경영자다. 식사도 검소하게 하는데, '요시노야(저렴한 가격의 일본 대형 음식 체인점—옮긴이)'의 소고기덮밥을 특히 좋아한다고 한다. 이 이야기를 전해 들은 요시노야 본사가 이나모리 씨를 위해 특별히 제작해 선물한 덮밥 그릇을 그는 보물처럼 아낀다. 이렇듯 그의 진짜 모습은 참 서민적이다. 정기 모임에서 학생들과 농담을 주고받는 광경도 흔히 볼 수 있다. 그렇다면 오하타 씨는 대체 이나모리 씨의 무엇에 두려움을 느끼는 것일까.

"말뿐만이 아니라는 점이지요. 구체적인 예로 JAL을 재건한 일을 들 수 있습니다. 그 정도로 거액의 빚이 있고 또 관료주의에 물들어있는 회사를 재건한다는 것은 보통 어려운 일이 아닙니다. 하물며 그 연세에 말이지요. 창업을 하는 것과 비교가 안 되게 힘들뿐더러, 교세라나 KDDI와는 분야도 전혀 다르지 않습니까. 훌륭한 경영자로 명망 높으신 선생님께서 괜히 남을 위해 그 일에 뛰어드셨다가 만약 실패라도 한다면 그야말로 만년을 더럽히는 일이 됩니다. 매체들도 이 사안에 대해 하나같이 회의적이었고, 저 또한 불안하게 여기던 이들 중 한 명이었어요. 우리 세이와주쿠 학생들도 걱정스런 마음에 다들 '그만두시도록 해야 하는 것 아닌가' 하고 저마다 한마디씩 했었지요."

학생들의 그런 목소리에도 아랑곳없이 이나모리 씨는 정기 모임에서 이렇게 말했다.

"저는 세 가지 대의를 위해 제 모든 힘을 쏟아부어 JAL을 다시 일으켜 세울 것입니다. 첫째는 일본 경제를 위해서입니다. 둘째는 JAL의 직원들을 지키기 위해서입니다. 셋째는 항공업계의 독점을 막고 건전한 경쟁을 유지하여 국민들이 혜택을 누릴 수 있도록 하기 위해서입니다. 경영이 무엇인지 지금부터 보여줄 테니, 모두 똑똑히 지켜보십시오."

세이와주쿠에서 공부하는 경영자 수는 8천이 넘는다. 그간 '경영이란 어떠해야 하는가'를 이야기해 오던 이나모리 씨가 8천 명의 학생들이 지켜보는 가운데 직접 그 본보기를 보이게 된 것이다. 만에 하나 이 일이 실패로 돌아가면 경영을 가르치는 스승으로서 변명의 여지가 없으리라는 것은 이나모리 씨 스스로가 가장 잘 알고 있을 터였다. "자기 회사 일도 아닌데 그렇게까지 해줄 경영자가 선생님 말고 또 있겠습니까. 그 각오만으로도 정말 대단한데, 단기간에 보란 듯이

JAL을 회복시켜 놓지 않으셨습니까. 이런 분이니 저희들은 그저 무엇이든 선생님 말씀이라면 믿고 따를 수밖에요. 그야말로 경영의 신 아닙니까." 거침없이 말을 이어가는 오하타 씨는 들뜬 모습이었다.

그가 추종자가 된 것은 1995년 즈음이었다. 그는 마쓰에시에 있는 고등학교를 졸업한 뒤 자동차 유리 판매 회사에 입사했다. 그러나 얼마 지나지 않아 회사의 경영 상태가 악화되고 말았다. 당시 요나고 영업소에서 책임자로 있던 오하타 씨는 평소 친하게 지내던 유리 제조업체 담당자로부터 '나도 도와줄 테니 지금 있는 회사에서 나와 요나고 지역에서 따로 회사를 차려보라'는 제안을 받게 된다. 이렇게 하여 덕스는 1980년 문을 열게 되었다.

그 당시 자동차 유리 업계는 제조사마다 판매점을 따로 가지고 있어 업체 간 경쟁이 거의 없었다. 사업은 금세 안정적인 궤도에 올랐는데, 그의 말에 따르면 '가만히 입만 벌리고 있어도 일거리가 절로 굴러들어

왔다' 고 한다.

그러나 사람 문제로는 애를 먹었다. 이제 막 생긴 회사인 데다 업무는 대부분 육체노동. 양복 차림으로 면접을 보러 오는 이는 아무도 없었다. 지저분한 차림으로 오는 사람도 있고, 말 그대로 폭주족 출신으로 보이는 사람도 있었다. 또 미러볼처럼 머리를 알록달록 물들인 청년도 면접을 보러 왔다.

여태껏 노력이라곤 해본 적이 없는 그들이니, 일 좀 열심히 하라고 직장 선배에게 한소리 들어도 어떻게 열심히 해야 하는지를 몰랐다. 오하타 씨의 말을 빌리자면, 그들은 '학력, 기술, 의욕의 삼박자가 다 없었다.' 원하는 인재를 좀처럼 구할 수 없었고, 기껏 뽑아놓은 직원들은 떠나기 일쑤였다. 그만두면 새로 뽑고, 또 그만두면 또 새로 뽑기를 반복했다.

매상도 순이익도 점차 늘었지만, 오히려 이익이 늘면 늘수록 오하타 씨의 마음은 공허해져만 갔다. 직원들을 어르고 달래가며 그럭저럭 하루하루를 넘겼다. 경영 이념 같은 것도 전혀 없었다. 무슨 목적으로 회사를 경영하는 것인지 경영자 스스로도 알 수가 없으니, 경영 이념을 세울 수 있을 리가 없었다. 그저 '이대로 괜찮은 걸까' 하는 막연한 불안감만을 안고 있었다.

저명한 경영자의 강연회나 경영 컨설팅을 해주는 공부 모임 같은 것이 있으면 닥치는 대로 찾아다녔다. 사업 전략이나 조직 관리 방법 등 참고가 될 만한 이야기들을 들을 수 있었지만, 그가 원하는 건 그런 것이 아니었다. 그러던 어느 날, 지인이 웬 강연 테이프 하나를 빌려주었다. 강연회에 쫓아다니는 것도 슬슬 싫증이 나던 차였기에, 테이프를 받기는 받았지만 몇 날 며칠이고 차 안에 마냥 놔두고서 잊어버리고 있었다.

그로부터 몇 달이 지나 오하타 씨는 문득 테이프의 존재를 떠올렸다. 썩 내키지는 않지만 지인이 일부러 빌려줬는데 그냥 돌려줄 수도 없고 해서, '일단 한 번 들어나 볼까' 하는 심산으로 테이프를 카세트에 꽂았다.

"경영자는 직원들의 행복을 물심양면으로 추구해야 합니다. ……"

저도 모르게 차를 갓길에 세우고서, 테이프에서 들려오는 목소리에 귀를 기울였다. 목소리의 주인공은 바로 이나모리 가즈오. 이나모리 씨가 오직 오하타 씨 한 사람만을 위해 이야기하고 있는 듯한 착각에 빠질 정도로, 말 한마디 한마디가 그의 마음속 깊은 곳으로 날아와 박혔다.

이나모리 씨의 가르침은 다른 경영자들이나 컨설턴트들과 무엇이 달랐던 것일까. 오하타 씨는 세이와주쿠에 막 들어갔을 무렵에 있었던 일을 이야기해 주었다. 이나모리 씨가 참석하는 정기 모임 후반부에는 '경영문답' 시간이 마련되어 있다. 이나모리 씨를 가운데 두고 학생들이 빙 둘러앉아 선착순으로 이나모리 씨에게 질문을 한다. 한 학생이 이나모리 씨에게 이렇게 질문했다.

"현재의 거시경제 동향을 보면 아무래도 움직임이 둔합니다. 한편으로 저희 업계에서도 시장이 이러이러하게 변화하고 있습니다. 선생님께서는 이에 대해 어찌 생각하십니까."

그 학생은 경제 정세에 밝은 모양인지, GDP(국내총생산) 등의 수치를 상세히 제시하며 질문을 했다. 거시경제니 뭐니 도통 무슨 말을 하는지 알아들을 수가 없었던 오하타 씨는 큰 충격을 받았다. '역시 세이와주쿠는 다르구나. 이런 수준 높은 질문을 할 수 있어야 되나 보다. 내가 과연 다른 사람들 레벨을 따라갈 수 있을까.' 이나모리 씨의 옆모습을 보니, 질문을 들으며 가만히 눈을 감고 있었다. 분명 대단한 답을 내놓으실 거라고 생각했다. 오하타 씨는 몸을 앞으로 쑥 내밀고 선생님의 대답에 귀를 기울이고 있었다.

그러나 질문이 끝난 바로 그 순간, 이나모리 씨는 번쩍 눈을 뜨더니 바로 오른쪽 뒤편에 앉아있던 질문자를 휙 돌아보며 성난 목소리로 말했다.

"이런 어리석은 사람을 보았나! 거시든 미시든 그딴 건 상관없네. 그런 쓸데없는 질문은 집어치우게. 자네의 진짜 고민은 그런 게 아니잖나."

그 학생은 황급히 자세를 고쳐 앉더니, 얼굴을 붉히며 질문을 재개했다.

"죄송합니다, 선생님. 사실 제 진짜 고민은…… 직원들이 절 따르지 않는 것입니다. 제 나름대로 필사적으로 노력하는데……."

이나모리 씨는 조용히 말했다.

"직원들이 자네를 따르지 않는 이유는, 직원들이 자네에게 반하도록 만들지 못했기 때문일세. '우리 사장님을 믿고 한번 따라가 보자' 하는 마음이 들도록 하지 않으면 안 되네. 잘 듣게. 남들이 반할만한 인간이 되기 위해서는……."

이나모리 씨는 경영 노하우가 아니라 늘 경영자의 마음에 대해 이야기한다. 그리고 바로 이것이 여타 경영자들이나 컨설턴트들과 결정적으로 다른 점이라고 오하타 씨는 설명한다. 정기 모임에서 있었던 이 일을 계기로 그는 더욱더 이나모리 씨에게 심취했고, 이후 추종자로서 활동하게 된다. 이나모리 씨에게 혼쭐이 났던 그 학생은 그 후 자신의 회사를 한층 더 성장시켜

몇 년 후 주식 상장을 이루어냈다.

오하타 씨는 이나모리 씨의 말이라면 무엇이든 실행에 옮겼다.

세이와주쿠에서 선생님이 '어음을 발행하지 말라'는 이야기를 하면, 회사에 돌아오자마자 총무부장에게 "이보게, 이제부터 어음 끊지 말게" 하고 지시를 내렸다. 왜 어음을 끊지 말라는 것인지 그 당시는 오하타 씨도 사실 잘 이해할 수 없었다. "네? 아니 그럼 자금 융통에 어려움을 겪을 텐데요." 총무부장이 의아한 표정으로 물었지만, "글쎄 괜찮대도. 선생님께서 그렇게 말씀하셨으니까" 하며 그대로 밀고 나갔다.

그가 내리는 업무 지시의 근거는 모두 '이나모리 선생님께서 그렇게 말씀하셨다'는 것. "오늘 세이와주쿠에서 굉장한 이야기를 들었지 뭔가. 자, 자네들도 한번 들어보게." 정기 모임에서 돌아오면 늘 직원들을 붙잡고서 이렇게 말하는 것이었다. 한번은 "사장님은 맨날 이나모리 선생님 앵무새 노릇이나 하십니까" 하고 반발하는 직원이 있었다. 그러나 그는 도리어 정색을 하며 "앵무새면 어떤가. 자네도 나와 함께 공부하세" 하고서 이나모리 씨의 강연이 녹화된 비디오를 틀어 직원들과 다 함께 보았다.

직원들의 의식 배양을 위해 '회식 모임'도 시작했다. 경영자가 직원들과 함께 술을 마시며 일에 대해서나 삶의 자세에 대해 마음을 터놓고 이야기를 나누는 자리가 그것이다. 이나모리 씨는 교세라와 KDDI, 그리고 JAL에서도 이러한 회식 모임을 통해 직원들의 마음을 하나로 만들었다. 교토에 있는 교세라 본사 12층에는 지금도 회식 전용의 커다란 다다미방이 있다.

사실 오하타 씨도 예전부터 곧잘 직원들과 한잔하러 가기도 하고 자신의 집으로 직원들을 초대하기도 했었다. 세이와주쿠에 들어가기 전에 한 경영 컨설턴트에게 그 이야기를 하니 "사장과 직원들 사이의 거리가 지나치게 가까우면 안 됩니다" 하고 주의를 받았다고 한다. 그러나 세이와주쿠에 가니 이나모리 씨는 정반대의 이야기를 했다.

"직원들과 함께 밥 먹는 것을 가족과의 식사보다 우선해야 하네."

이나모리 씨는 자사의 직원들을 '함께 사는 직원'이라고 말하는 습관이 있다. 회사는 집이며 직원들은 가족이라는 의식을 갖고 있는 것이다.

오하타 씨는 그동안 자신이 해왔던 일들이 틀리지 않았음을 이나모리 씨에게 인정받은 것 같아 기뻤다. 그래서 하루가 멀다 하고 직원들과 회식 자리를 가졌다. 돗토리현 밖에다 지점을 연 뒤로는 차 트렁크에 밥솥과 냄비, 그리고 쌀을 항상 싣고 다니면서 작업장 마당에 골판지 상자만 깔면 곧바로 회식을 할 수 있도록 했다.

회식이라고는 해도 왁자지껄하게 놀지는 않는다. 반드시 매회 하나씩 주제를 정하는데 '좋은 성과를 내는 점장과 그렇지 않은 점장의 차이는 무엇인가'와 같이 업무에 관한 주제일 때도 있고, '어떻게 하면 이타 정신을 기를 수 있는가'와 같이 마음의 문제를 다룰 때도 있다. 그렇게 다양한 주제들에 대해 술을 마시며 진지하게 이야기를 나누는 것이 이나모리식 회식 모임이다.

술에 취하면 진심이 나오기 쉬워진다. 그리고 때로는 상대방의 인간적인 부분에까지 파고들게 된다. 그로 인해 격한 언쟁을 벌일 때도 있지만, 그럴 때도 진심을 다해 상대와 부딪치면 신뢰관계는 깊어지게 마련이다. '이 녀석이 이런 생각을 하고 있었구나' 하고 그 사람의 몰랐던 부분도 발견할 수 있다. 하루는 회식 자리에서 가족에 대한 이야기를 나누던 중, 직원 하나가 갑자기 눈물을 흘린 적이 있었다. 그동안 부모님에 대한 고마움을 너무 모르고 살았구나 싶어 저도 모르게 감정이 북받쳐 올랐다 한다.

이렇게 회식 모임을 이어가는 동안, 직원들은 두 그룹으로 나뉘었다. 눈에 띄게 눈빛이 달라진 이들, 그리고 분위기에 적응하지 못하는 이들. "철학은 무슨 얼어 죽을. 바보 같아서 못 해 먹겠네!" 하고 회식 도중에 폭언을 내뱉고 회사를 때려치운 직원도 있었지만, 남아 있는 직원들은 나날이 좋아져 갔다. 그중에서도 특히 오하타 씨를 기쁘게 했던 건, 과거 알아주는 불량배였던 한 직원이 그에게 던진 한마디였다. "예전에 같이 어울리던 녀석들과 술을 마시면 도박장에서 돈을 땄네, 어디 주점에 어떤 여자애가 귀엽네 하는 이야기만 늘어놔서 아주 진절머리가 난다니까요."

오하타 씨는 기쁜 듯 웃었다. "그 말을 듣고 너무나 가슴이 뛰었습니다. 성실하게 일해서 남에게 도움을 주고 싶고 열심히 살아가고 싶다고, 누구나 마음속으로는 그렇게 생각하고 있구나 하고요. 저희 회사의 경우는 직원들의 그런 마음에 자극을 준 것이 바로 회식 모임이었던 거지요."

오하타 씨에게 '경영자란 무엇인가'라고 물었더니, 망설임 없이 이렇게 대답했다.

"경영자는 부모입니다. 저는 부모 자식 간의 유대감 이상으로 직원들을 가족처럼 대해왔습니다. 저는 직원들을 제 자녀라 생각하고 있고, 직원들 또한 저를 아버지처럼 생각해 주지요. 고용인과 피고용인이라는 단순한 관계로는 회사를 경영할 수 없습니다. 선생님께서도 '대가족주의로 경영하라' 고 늘 말씀하시고요. 대가족주의를 바탕으로 경영을 하게 되면, 더 나은 회사로 만들어가고자 하는 경영자의 열정에 직원들도 잘 따라와 줍니다. 경영자란 스스로를 희생해서 직원들을 위해 헌신할 수 있는 사람입니다. 부모라면 내 자식을 가장 우선으로 생각하지 않습니까. 그것과 마찬가지지요."

'직원들과 그 정도로 깊은 관계를 맺을 필요는 없지 않나' 하는 의구심을 가지는 이들도 있을 것이다. 그러나 중요한 것은 '정情'을 기반으로 한 이와 같은 경영방식을 통해 이나모리 씨는 교세라를 연 매출 1조 엔 기업으로 성장시켰고, 오하타 씨 또한 그렇게 회사를 발전시켜 왔다는 사실이다.

예전에 오하타 씨는 청년들이 면접을 보러 오면 꼭 아래와 같은 도식을 보여주었다고 한다.

- ○ → ○
- ○ → ×

- × → ○
- × → ×

화살표 앞은 지금까지의 인생, 화살표 뒤는 이제부터 펼쳐질 인생이다. "미안하지만, 지금까지의 자네 인생은 '×'네. 공부도 제대로 안 했고 이렇다 할 기술도 없으니 말일세. 자 그러면, 이제부터는 어찌 살고 싶은가? '×'인가 아니면 '○'인가?" 그렇게 물으면 대부분은 '○'라고 대답했다. "더 나은 인생을 살고 싶은가? 그 마음만 있으면 충분하네. 나와 함께 열심히 한번 해보세."

이렇게 오하타 씨의 사랑을 듬뿍 받은 직원들이 어느새 150명까지 늘었다. 그리고 2011년에는 그중 한 명에게 사장 자리를 내어주고, 자신은 그룹을 총괄하는 지주회사의 사장으로 취임했다. 오하타 씨에게는 이루고 싶은 꿈이 있다.

"예를 들어 직원이 열 명이라면 그 열 명에게 참된 삶과 참된 생각을, 멋있는 말로 하면 철학을 가르치고 싶습니다. 그리하여 그들에게 깨달음을 줄 수 있고 이후의 인생을 거짓 없는 마음으로 살아가도록 이끌어줄 수 있다면, 경영자로서 더할 나위 없는 행복일 겁니다. 직원을 행복하게 만들 수 있는 건 오직 경영자뿐입니다. 그러니 장차 좋은 경영자가 될 인재를 많이 육성해서 점차적으로 그들에게 자회사를 맡기고 싶습니다. 저 같이 보잘것없는 사람도 연 매출 십억 엔의 덕스를 만들었으니, 더 열심히 해서 매출 백억 엔의 회사를 만들어 내는 직원이 나올지도 모르지요. 좋은 경영자를 많이 길러내어 직원 모두가 행복할 수 있는 회사를 점차 늘려가는 것, 이것이 경영자로서의 제 사명이라 생각합니다."

틀렸다는 생각이 들 때,
그때부터가 시작이다

"일부러 도쿄에서 후쿠오카까지 먼 길 와주신 것은 정
말 감사합니다만, 저희 형제는 특별히 들려드릴 만한
이야기가 없습니다. 1929년 창업했으니 나름대로 그
역사가 깊긴 합니다. 그렇지만 저희 회사의 역사는 그
저, 리먼 사태(2008년 글로벌 투자은행 리먼 브라더스의 파산
으로 시작된 세계 금융위기-옮긴이)에다 동일본 대지진
(2011년 도호쿠 지역에서 발생한 진도 9.0의 초대형 지진-옮긴
이)까지 차례로 닥쳐온 시련을 저희 형제와 직원들이
힘을 합쳐 이겨내며 필사적으로 회사를 지켜온 결과
일 뿐입니다. 가장 힘들었던 긴 그보다 더 전에 있었
던 닛산의 파산 위기 때였어요. 이나모리 선생님께는

너무나 큰 은혜를 입었지요. 그때 저희들이 살아남을 수 있었던 것은 다 선생님 덕분이었으니까요."

주식회사 니시이(구 니시이 도료산업)의 사장인 니시이 가즈후미 씨는 조심스러운 말투로 그렇게 말하며, 옆에 앉은 히로후미 전무를 쳐다보았다.

270명의 직원을 두고 있는 니시이는 규슈 최대의 페인트 전문 상사이다. 가즈후미 씨의 조부가 규슈 최초의 페인트 판매점을 창업한 이래 건축용 페인트, 공업용 페인트 등 다양한 제품을 선보이며 시장을 넓혀 왔다. 후쿠오카공항에서 그리 멀지 않은 곳에 자리한 본사 건물로 들어갔다. 로비에는 형형색색의 페인트 샘플이 진열된 페인팅 갤러리가 펼쳐져 있고, 직원들은 활기에 차 있었다. 니시이 영업소는 규슈 전역에 분포되어 있으며, 도쿄와 아이치, 오사카에도 직원이 상주하고 있다.

히로후미 씨는 가즈후미 씨보다 세 살 아래 동생으로 영업 전반을 총괄하고 있다. 두 사람은 무엇이든 서로 숨김없이 이야기할 수 있는 형제지간이며, 한마음

한뜻으로 수많은 난국을 함께 이겨내 온 동지이기도 하다. 일찍이 재기가 불가능할 정도의 경영 위기에 직면했었던 니시이 주식회사. 그 당시 두 사람은 어떠한 생각을 했으며, 어떻게 행동했을까. 니시이 형제의 경험을 통해 '경영자란 무엇인가'라는 물음에 대한 답을 찾아보고자 한다.

일의 발단은 1999년 10월 18일이었다. 모든 생산라인이 일제히 가동을 멈춘 닛산자동차 규슈공장(현 닛산자동차 규슈)에는 정적이 흘렀다. '닛산회생계획'을 읽어 내려가는 닛산의 사장 카를로스 곤의 목소리만이 조용한 공장 안에 울려 퍼졌다. 공장 한구석에서 한마디라도 놓칠세라 귀를 세우고 듣고 있던 히로후미 씨는 부품 공급처의 수를 향후 3년간 절반으로 줄이겠다는 발표에 그만 얼어붙고 말았다.

니시이 주식회사는 닛산이 규슈에 생산거점을 마련한 1975년부터 쭉 그 인연을 이어왔다. 회생계획 발표 당시에는 니시이 총 매출의 20퍼센트에 해당하는 50억 엔의 거래가 닛산과 이루어지고 있었다. 그 때까지 차체 도장라인은 초벌 도색, 중간 도색, 마무리 도색 과정을 각각 여러 공급처가 나누어 맡고 있었으나, 닛산의 위기로 인해 각 공정당 한 곳의 회사로 작업을 축소하기로 결정되었다. 공급단가를 얼마까지 낮추어줄 수 있는지 각 회사가 금액을 제시하면, 이를 참고해 4개월 후에 닛산이 공급처를 선정하겠다고 했다.

페인트 제조업은 비용 삭감의 여지가 비교적 크긴 하나, 니시이 주식회사는 페인트를 직접 제조하는 것이 아니라 제조사들로부터 페인트를 받아 납품하는 판매점에 불과하다. 그러므로 자체적으로 삭감할 수 있는 비용에는 한계가 있었다. 공급단가로 승부하게 되면 닛산으로부터 가장 먼저 내쳐져도 이상할 게 없는 상황이었다. 그뿐만 아니라 닛산과의 거래가 중지되면 타 업계와의 거래에도 영향을 미쳐 '이제 도료 상사는 한물갔다'며 거래를 재고할 가능성도 있었다. 그러한 최악의 전개까지 가즈후미 씨의 머릿속을 복잡하게 스치고 지나갔다.

우리 회사의 존재 의미는 무엇인가. 살아남기 위해서 무엇을 어필할 수 있을 것인가. 그것을 찾아내는 데서부터 싸움은 시작되었다. 우선은 닛산을 담당하는 간다영업소 소속 직원 15명이 그간의 상세한 업무 내용을 하루, 일주일, 한 달, 일 년 단위로 작성하여 제출했다. 이를 통해 '보이지 않던 업무'가 보이기 시작했다. 차체 도장라인에서 문제가 발생하면 해결을 위해 즉시 현장으로 출동하는 등, 직원들이 다양한 요청에 즉각적으로 대응하고 있었다. 그리고 칠을 하지 않는 부분을 가려주는 마스킹 테이프 등의 부재료도 현장의 요청에 의해 함께 납품해주고 있었다. 이러이러한 물건은 없는지, 이러이러한 것을 해줄 수 있는지 요청이 들어오면 직원들이 열심히 동분서주하며 신속히 해결해 주고 있었던 것이다. 가즈후미 씨는 반성했다.

"그때까지 저는 영업실적이라는 표면적인 수치만 보고 있었던 겁니다. 직원들의 땀이 하루하루 쌓이고 쌓여 그 수치를 만들어낸다는 사실을, 부끄럽게도 그제야 비로소 깨달았습니다. 타 지역에서는 페인트 제조사가 그러한 서비스를 제공하지만, 규슈 지역은 제조사들의 손이 미치기 어려운 여건이기 때문에 판매점인 저희 회사가 그 역할을 담당하고 있었습니다. 바로 그것이 저희 니시이만의 강점이었던 거지요."

영업 담당인 히로후미 씨는 닛산의 간부에게 자사의 강점을 정리한 자료를 건네어 직접 그를 설득해보기로 했다. 당시 그 간부도 닛산의 일을 처리하느라 눈코 뜰 새 없이 바빠 쉽사리 만날 수가 없었다. 그래서 히로후미 씨는 간부의 자택을 방문하여 작은 선물과 함께 자료를 건네기도 하고, 출장에서 묵고 있는 호텔이 어디인지 알아내어 프런트에 맡겨놓기도 하고, 닛산 규슈공장 현관 앞에서 기다리고 있다가 간부가 차에서 내릴 때 건네주기도 했다. 이를 좋지 않게 생각한 이들도 있었을지 모르지만, 그 당시 히로후미 씨에겐 그런 방법밖에 떠오르지 않았다.

공급처 발표일이 다가올수록 간다영업소 직원들은 불안을 감추지 못했다.

"저희에게 승산이 있긴 한 겁니까?"

참다못한 직원 하나가 영업진들에게 대놓고 이렇게 물은 적도 있었다. 그때 히로후미 씨는 스스로를 독려하려는 듯 언성을 높였다.

"이 사람아! 질지도 모른다는 그런 약한 마음을 먹어서야 어디 이길 수 있겠나! 비용 삭감책이든 품질 향상책이든 좋은 아이디어가 떠오르면 곧바로 다 실행에 옮겨야 하네. 단 정정당당히, 절대로 비겁한 방법을 써서는 안 돼. 그렇게 해나가다 보면 닛산 담당자가 반드시 우리 회사를 인정해 줄 거네."

그렇게 혼신의 힘을 다해 완성한 제안서. 닛산의 구매 담당자를 간다영업소에서 만나 이 제안서를 직접 전달하기로 했다. 지난 4개월 동안 최선을 다해 할 수 있는 건 모두 다 했다는 자신감. 그리고 동시에 이 자료의 결과에 따라 영업소가, 혹은 회사 자체가 없어질지도 모른다는 공포. 야릇한 공기가 감도는 응접실에서 히로후미 씨와 닛산 구매 담당자는 대치해 있었다. 차를 들고 들어온 여직원은 극도로 긴장한 탓에 손이 바들바들 떨려, 히로후미 씨의 도움을 받고서야 겨우 찻잔을 테이블 위에 내려놓을 수 있었다.

2000년 2월 10일, 공급처 발표일. 닛산으로부터 '중간 도색과 마무리 도색은 거래를 중단한다'는 연락을 받았다. 그리고 이유는 모르겠지만, 초벌 도색에 대해서는 향후 3년간 거래를 이어가는 것으로 결론이 났다. 그러나 결과적으로 니시이 주식회사는 한순간에 중간 도색과 마무리 도색을 합해 총 24억 엔에 해당하는 일거리를 잃고 말았다. 외국자본 계열 페인트 제조사가 제시한 가격이 예상외로 훨씬 낮았다는 사실이 나중에 드러났다. 니시이 형제와 직원들은 순식간에 나락으로 떨어졌다. 당시 히로후미 씨는 이렇게 생각했다고 한다.

"할 수 있는 일이 남아있었다면 모를까, 그 이상 더 뭔가를 할 수도 없을 정도로 온 힘을 다 쏟았는데도 결과가 따라주질 않았어요. 몸에서 힘이 쭉 빠지고, 솔직히 이제 다 틀렸구나 하는 생각밖에 안 들더군요. 이번에 어찌어찌 초벌 도색 작업은 살렸지만 3년 후에는 분명 거래 정지, 그리고 이대로 사업이 축소되다보면 전쟁 이전부터 이어져 온 이 회사의 역사도 어쩌면 여기서 막을 내릴지 모른다는 생각을 했습니다.”

그런 암담한 생각에 사로잡혀 있는데, 갑자기 세이와주쿠에서 이나모리 씨가 자주 입에 담던 한마디가 히로후미 씨의 머리를 스쳤다.

“다 틀렸다는 생각이 들 때가 모든 일의 시작이다.”

히로후미 씨는 그 순간의 느낌을 아직도 똑똑히 기억하고 있다.

“다 틀렸다……. 그때의 제 심경이 딱 그랬습니다. 하지만 선생님께서는 그것이 끝이 아닌 시작이라고 말씀하셨지요. 거기서부터 진짜 승부가 시작된다고요. 선생님도 참 터무니없는 말씀을 하시는구나 하며 곱씹어 생각하다 보니, 어느새 마음이 조금 편해지더군요.”

초벌 도색을 담당할 회사를 재선정하기까지는 아직 3년이라는 시간이 있었다. 히로후미 씨는 다음 날 아침, 영업소 직원들을 불러 모았다.

"결과는 대단히 유감스럽지만, 다들 너무나 힘써 주어 고맙습니다. 정말 멋진 싸움이었습니다. 저는 여기 있는 모두를 자랑스럽게 생각합니다."

히로후미 씨가 이렇게 운을 떼자, 직원 몇 명이 훌쩍거리기 시작했다. 그것을 본 다른 직원들도 터져 나오는 눈물을 참지 못하고 다 같이 흐느껴 울었다. 그런 가운데 히로후미 씨는 의연하게 말을 이어갔다.

"이것이 끝이 아닙니다. 지금부터 3년 후를 향한 진짜 싸움이 시작되는 겁니다. 살아남읍시다. 이 멤버라면 반드시 해낼 수 있습니다. 제가 여러분을 지킬 테니, 저를 믿고 따라와 주십시오. 우리 모두의 힘으로 반드시 니시이의 부활을 이루어냅시다."

히로후미 씨는 '정말로 직원들을 지켜낼 수 있을지 솔직히 확신할 수 없었다'고 털어놓았다. 그러나 절망을 희망으로 바꾸기 위해서는 그저 굳게 믿는 수밖에 없었다. 직원 하나가 "해봅시다!" 하고 큰 소리로 외쳤다. 그러자 다른 직원들도 하나둘씩 "합시다!" 하고 따라 외쳤다. 이 광경은 지금도 히로후미 씨의 뇌리에 선명하게 새겨져 있다.

"선생님께서 항상 말씀하셨지요. '사람의 마음만큼 못 미더운 것이 없지만, 일단 한번 하나로 뭉치면 사람 마음보다 더 강한 것은 없다'고요. 정말 그랬습니다. 그때부터 무언가 달라지기 시작했으니까요."

직원 모두가 하나가 되어가는 모습을 보면서, 가즈후미 씨는 문득 세이와주쿠에 처음 들어갔을 때의 일을 떠올렸다. 부친이 아직 사장으로 계시고 가즈후미 씨가 총무 및 경리 담당 이사였을 때, 그가 있는 후쿠오카에서 열린 정기모임에 참석해 이나모리 씨에게 질문을 한 적이 있다.

"저희 회사는 규슈를 중심으로 하여 도쿄에서 가고시마까지 총 25개의 영업소가 있습니다. 선생님께 배운 철학을 직원들과 공유하고 싶어도 물리적, 시간적으로 여의치가 않아 고민입니다. 사람들의 마음을 하나로 모을 수 있는 요령을 여쭈어 봐도 되겠습니까."

그러나 이나모리 씨는 미간을 찌푸리며 "사람의 마

음을 사로잡는 요령 따윈 없네" 하고 가즈후미 씨를 나무랐다.

"영업소가 많아 힘은 들겠지만, 자네가 직접 발로 뛰며 현장에 있는 직원들과 소통하지 않으면 그들의 마음을 얻을 수 없네. 시간이 없다는 건 그저 변명에 지나지 않아. 자네의 열정으로, 바닥을 기어서라도 일일이 영업소를 도는 것밖에는 방법이 없는 것이네. 열의가 있다면 부친을 설득할 수 있을 걸세. '더욱 훌륭한 회사로 만들기 위한 것이니, 한 달에 사흘 정도만 저를 일상 업무에서 빼주십시오. 그 시간동안 영업소들을 네다섯 군데씩이라도 좀 돌아보고 오겠습니다.' 하고 부친에게 말씀드리게. 그 정도도 못 해서야 되겠나."

가즈후미 씨는 쥐구멍에라도 들어가 숨고 싶었다. 사람의 마음을 얻는다는 것이 어떤 의미인지, 그 당시 가즈후미 씨는 전혀 알지 못했다.

이나모리 씨는 어떻게 그 많은 직원의 마음을 사로잡을 수 있었던 것일까. 그것이 너무나 궁금했던 가즈후미 씨는 그날 이후 세이와주쿠에서 이나모리 씨의 행동을 예의 주시하기 시작했다. 그리고 '바로 이거다' 하고 무릎을 친 적이 몇 번이나 있었다.

예를 들면, 한번은 정기모임에서 발표를 한 학생을 이나모리 씨가 사정없이 꾸짖었던 일이 있었다. 그 후 사회자가 "잠시 휴식 시간을 가지겠습니다" 하고 안내를 했고, 회장 안에 있던 학생들이 하나둘 자리를 떴다. 바로 그 순간, 이나모리 씨가 서둘러 단상에서 내려와 바로 앞 테이블에 앉아 있던 발표자의 아내 곁으로 다가가는 것이었다.

"부군께는 좀 심한 말을 하고 말았네요. 미안합니다. 앞으로 부군께 마음 많이 써 주십시오, 부인. 부탁합니다."

아주 가까이서 이것을 보고 있던 가즈후미 씨는 온몸에 전기가 흐르는 듯했다. 이나모리 씨는 다른 학생들의 눈에 띄지 않는 절묘한 순간을 골라 발표자와 그 아내의 마음을 보듬어 준 것이다. 상대방을 배려하는 마음이 없다면 도저히 불가능한 일이라는 생각이 들었다.

이후 가즈후미 씨는 이나모리 씨에게 많은 것을 배

위갔다. 그는 '고용인' 과 '피고용인' 으로 나뉜 관계가 아니라, 보다 더 인간적이고 끈끈한 정으로 묶인 관계를 직원들과 맺고 싶었다. 이나모리 씨가 주장하는 '대가족주의'를 목표로 회사를 경영하는 동안 많은 시행착오도 겪었다. 한순간에 큰 액수의 거래를 잃는 위기에 처했음에도 직원들의 마음이 뿔뿔이 흩어지지 않고 오히려 단결할 수 있었던 것은, 그러한 시행착오들이 밑거름이 돼주었기 때문이다. 가즈후미 씨는 하나된 직원들의 모습을 보며, 지난날의 노력이 결실을 맺은 것 같아 기뻤다.

실제로 니시이 주식회사의 직원들은 마무리 도색과 중간 도색 작업을 잃고 나서 오히려 더욱 맹렬하게 일하기 시작했다. 다른 영업소 직원들의 표정도 변했다. 회사를 살리기 위한 간다영업소 직원들의 눈물겨운 싸움을 전해 듣고는, "니시이의 주 수입원인 간다영업소를 지켜내기 위해 저희들도 힘을 보태겠습니다" 하고 말했다. 늘 적자를 기록하던 영업소가 흑자로 돌아서는 등, 고군분투하는 직원들의 모습은 니시이 형제를 놀라게 했다.

비록 싸움에는 졌지만, 자신들의 강점이 서비스에 있다는 것을 알게 된 것도 커다란 수확이었다. 도장 불량에 대한 대책을 제안하거나 거래처들을 대상으로 도장 기술 연수를 제공하는 등, 고객이 필요로 하는 것들을 한발 앞서 파악하는 영업활동을 통해 필사적으로 신규 고객을 늘려갔다. 그렇게 새로운 노하우와 실적을 쌓아, 닛산 측에도 다양한 도장 작업 개선방안을 제안해나갔다. 가즈후미 씨는 지난날을 회상했다.

"페인트 판매점이 글로벌 비즈니스를 전개한다는 건 생각하기 힘들었습니다. 그래서 저희는 규슈를 기반으로 한 지방 기업으로서 할 수 있는 일들을 철저하게 해나갈 수밖에 없었지요. 그러한 결의로 3년간 열심히 노력했습니다."

그렇게 맞이한 2003년 초벌 도색 공정 결정일. 이 일마저 잃게 되면 결국 니시이 주식회사는 완전히 숨이 끊어질지도 모른다는 생각을 하면서, 히로후미 씨는 거래처 사람과 함께 길을 걷고 있었다. 그때 회사로부터 한 통의 전화가 걸려왔다.

"니시이로 결정됐습니다!"

히로후미 씨는 주변의 시선도 신경 쓰지 않고 길 한 가운데서 펑펑 울었다. 함께 있던 거래처 사람이 깜짝 놀라 걱정스러운 표정으로 히로후미 씨에게 무슨 일인지 물었다. 같은 시각, 업계에서 주최한 친목회에 출석해 있던 가즈후미 씨 또한 전화기를 붙들고 온통 눈물범벅이 되어 있었다.

공급단가 면에서는 결코 우위에 있지 못했지만, 철저한 현장 파악을 통한 적확한 제안과 일에 대한 열정이 좋은 결과로 이어졌다는 사실을 나중에 전해 들었다. 또 진위 여부는 확실치 않으나, 닛산의 간부 하나가 "니시이 녀석들만큼은 어떻게 좀 도와줄 수 없겠느냐"고 회사 측에 이야기를 해주었다고 한다. 그리고 그는 바로 3년 전 히로후미 씨가 시도 때도 없이 찾아가 자료를 들이밀었던 그 간부라고 했다.

닛산 회생계획이 발표되기 전 250억 엔에 달했던 니시이 주식회사의 매상은 현재 2백억 엔 정도로 감소하였다. 그러나 이는 이익률이 낮은 사업을 정리하는 등 고수익 전략으로 전환한 데 따른 결과로, 순이익은 이전보다 오히려 증가했다. 닛산 회생계획이라는 위기를 거치면서 조직이 한마음으로 뭉친 것 또한 수익 향상에 일조했음은 물론이다.

니시이 형제에게는 잊을 수 없는 기억이 하나 있다. 어느 날 닛산 회생계획의 위기를 어떻게 극복할지 회의를 하고 있었는데, 한 영업소 소장이 자꾸만 이상한 기침을 했다. 가즈후미 씨는 그에게 얼른 병원부터 가 보라고 채근하였고, 몇 주 후 그가 폐암 진단을 받았다는 연락이 왔다.

소장은 입원 중에도 회사와 동료들을 걱정했다. 병상에 누워서도 회사 위기에 대처할 수 있는 방안들을 생각해 내어 가즈후미 씨와 히로후미 씨, 그리고 부하직원들에게 제안을 하곤 했다.

암은 이미 상당히 진행되어 있었다. 유급휴가 기간이 끝난 뒤에도 가즈후미 씨의 배려로 한동안 급료와 건강보험 혜택을 받을 수 있도록 손을 쓰고 있었으나,

그것도 나중에는 어려워졌다.

"수입이 끊기면 입원비를 충당하기 힘들 것이라는 사실은 직원들도 너무나 잘 알고 있었습니다. '사장님, 어떻게 도울 방법이 없을까요?' 하고 모두들 걱정하기에, 저는 생각 끝에 소장의 부인을 파트타임 직원으로 고용하기로 했습니다. 물론 고용의 형식만 취한 것이라 실제로 부인이 일을 하시는 건 아니었지요. '부인의 인건비만큼 자네들 일이 더 많아질 텐데 괜찮겠나?' 하고 묻자, '저희가 더 열심히 일할 테니 꼭 그렇게 조처해 주십시오' 하더군요. 부인께선 정중히 사양하셨습니다만, 이 일을 통해 다들 진심으로 동료를 소중히 여기고 있음을 느낄 수 있었지요."

소장은 의사로부터 선고받은 기한을 훌쩍 넘겨 4년을 버텨냈다. 비록 마무리 도색과 중간 도색 공정은 지켜내지 못했지만, 초벌 도색 작업을 끝까지 사수하는 동료들의 용기 있는 모습을 그는 모두 다 지켜보고 떠날 수 있었다.

소장이 세상을 떠난 날, 가즈후미 씨와 수많은 직원

이 그에게 마지막 인사를 고하러 찾아갔다. 고인의 얼굴을 마지막으로 보기 위해 관 속을 들여다 본 가즈후미 씨는 숨이 멎는 듯했다. 소장이 사원복 차림으로 누워 있었던 것이다. 오랜 세월을 함께해온 익숙한 남색 재킷을 입고 넥타이까지 매고 있었다. 소장의 마지막 바람이었다고 했다. 가즈후미 씨와 직원들은 한동안 소리 내어 울었다.

소장이 떠난 뒤로 그의 아내는, 송년회 때 다 함께 마시라며 가즈후미 씨에게 해마다 술을 보내왔다. 그리고 10년째 되던 해에는 이런 편지와 함께였다.

"남편이 떠난 후 꽤 오랜 시간이 흘렀네요. 이미 오래전에 회사를 떠난 사람의 아내가 미련을 못 버리고 자꾸 이런 것을 보내선 안 된다고 늘 반성하고 있습니다. 그런데 정말 죄송하지만, 내년까지만 너그러이 받아주세요. 남편이 살아 있었다면 내년에 정년을 맞게 됩니다. 남편이 니시이 주식회사의 직원으로서 정년을 맞이할 수 있게 해주고 싶습니다."

가즈후미 씨는 감개 어린 목소리로 이렇게 말했다.

"니시이 주식회사에 이렇게나 따뜻한 애정을 가져주는 직원들과 그 가족들이 있다는 것이 저는 정말로 기쁩니다. 회사에서 일하는 동료들은 원래 생판 남이지 않습니까. 그런데도 우리는 서로를 채찍질하기도 하고 칭찬해주기도 하면서, 같은 목표를 향해 함께 나아가고 있습니다. 회사라는 곳은 따뜻한 정이 흐르는 인간관계가 시작되는 장소이며, 경영자는 이를 더욱 키워나가야만 합니다. 이나모리 선생님께 배운 수많은 것 중 제가 가장 중요하게 여기는 게 바로 이것이지요. 아직 갈 길이 멀지만, 옳은 방향으로 그럭저럭 잘 나아가고 있음을 일찍이 암으로 떠난 직원과 그 부인께서 가르쳐 주셨습니다. 사원복 차림으로 떠난 그 사람과 우리는 모두 마음과 마음으로 이어져 있었으니, 분명 그 여행길이 외롭지 않았을 겁니다. 성심을 다해 가족 같은 회사를 만들어 가는 것, 그것이 '경영자란 무엇인가' 라는 물음에 대한 저의 답입니다."

더 높은 목표를 가져라

게이요 공업지대에서 물류의 요지를 담당해 온 지바현 우치보의 기사라즈항. 거기서 엎어지면 코 닿을 거리의 택지 조성지에, 트레이드마크인 파란색 대형 간판이 보이는 곳으로 따라 들어가면 히라노 상사의 본사가 자리하고 있다. 주력 사업은 자동판매기의 설치 및 관리로, 정기적으로 캔 음료 등의 상품을 보충하고 요금을 회수하는 일을 하고 있다. 직원은 총 75명. 지바현을 중심으로 도쿄, 가나가와에서도 사업을 전개하고 있다.

사장인 히라노 요시카즈 씨는 젊은 시절 수많은 킥복싱 대회에서 활약했던 전력이 있다. 그 때문인지 다

부져 보이는 근육질 몸매에다 어딘가 추진력이 느껴지는 인물이었다.

"세상이 참 모순투성이 아닙니까."

히라노 씨에게 인터뷰 취지를 설명하자, 그는 이렇게 운을 떼었다.

"저희 집은 참 가난했습니다. 건물 한 채를 칸칸이 나눠서 여러 집이 들어가 살았는데, 저희 가족도 그중 한 칸에서 셋방살이를 했지요. 가난한 집 자식이라고 어린 시절부터 차별도 많이 받았습니다. 아무리 야구를 잘 해도 돈이 없어 유니폼을 살 수 없으니 선수가 될 수 없었어요. 저보다 야구를 못하는 육성회장 아들은 유니폼을 사 입고서 선수로 뛰는데 말이지요. 학교 선생들도 너무하다 싶을 정도로 부잣집 애들을 편애했습니다. 제가 운이 없어 우연히 그런 선생님을 만난 것인지도 모르지만, 어찌 됐든 학교 교사가 아이들을 차별하면 안 되는 것 아닙니까."

히라노 씨가 초등학교 4학년이었을 때 그의 아버지는 다른 여자가 생겨 집을 나가버렸다. 그것만으로도 많이 힘들었을 텐데, 어머니는 늘 그를 아버지에게 보내 생활비를 받아오게 했다. 그 일이 미치도록 싫었고, 어머니와 자신을 버린 아버지를 용서할 수 없었다. 언제부턴가 히라노 씨의 마음속에는 '반드시 부자가 되어 어머니를 호강시켜 드리고 아버지가 날 다시 보게 만들고야 말겠다'는 생각이 점점 커져갔고, 이것이 그를 사업가의 길로 이끌었다.

히라노 씨는 고등학교를 졸업한 뒤, 그 당시 급료가 가장 높았던 신일본제철에 입사했다. 그리고 2백만 엔을 모아 24세에 독립했다. 찻잎이나 화장품을 싸 들고 행상을 다니기도 했다. 돈이 될 만한 일이면 무엇이든 닥치는 대로 다 했지만, 초짜가 금세 성공할 수 있을 정도로 장사라는 게 그리 만만치가 않았다. 2백만 엔은 순식간에 바닥이 났다. 그때 망연자실해 있던 그에게 지인이 소개해준 일이 바로 자동판매기 사업이었다.

"외부 사람들은 잘 모르지만, 사판기 설치 장소를 차지하기 위한 영업이 장난이 아닙니다. 전부 다 말씀드릴 순 없습니다만, 이건 서로 뺏고 뺏기는 정도가 아니라 아예 다 같이 망하자는 수작입니다. 말도 안 되는 조건을 내걸어 원래 설치되어 있는 자판기까지도 자기 회사 것으로 만들어 버리니까요. 정말로 이건 아니다 싶은 짓까지 서슴없이 하는 게 자판기 업계입니다. 이 바닥도 역시나 모순투성이었어요. 분하고 억울한 날들의 연속이었습니다."

처음 이나모리 씨의 강연을 듣게 된 건 그 무렵이었다.

"좋은 일을 하면 좋은 결과가 따르고, 나쁜 일을 하면 나쁜 결과가 따라오게 되어 있습니다."

자신이 창업한 교세라와 KDDI의 예를 들어가며 이나모리 씨는 절절한 마음을 담아 이야기했다. 옳은 일을 해도 그에 대한 보답을 받지 못하는 것은 단지 노력이 부족하기 때문이라고 했다. 이 세상에 진저리를 치던 그는 이나모리 씨의 말에 스스로의 미숙함을 깨닫고, 1995년 세이와주쿠의 문을 두드리게 된다.

이후 히라노 씨는 정기 모임에 자주 출석하여 이나모리 씨의 강연을 열심히 들었지만, 정신없이 하루하루를 살아내기에도 바빠 선생님의 가르침을 어디서부터 어떻게 실천하면 좋을지 알 수가 없었다. 그렇게 이나모리 씨의 이야기를 듣는 것만으로 만족하며 지내기를 7년. 어느 날 정신을 번쩍 들게 만드는 사건이 일어난다.

2002년 6월 19일. 히라노 상사의 본사가 있는 기사라즈시에서 세이와주쿠 정기 모임이 열렸다. 거기서 히라노 씨는 경영자로서 지금까지 살아온 인생에 대해 30여 분 동안 발표하는 '경영체험 발표'를 하게 되었다.

그는 이나모리 씨와 수많은 학생 앞에서 그간의 인생 경험을 숨김없이 이야기했다. 불우했던 가정환경이 강한 사업욕으로 이어진 것과 어깨너머로 배운 경영으로 어찌어찌 자판기 사업을 궤도에 올려놓은 것. 매출은 15억 엔까지 늘었지만 타사와의 경쟁이 치열해 경영이 불안정한 상태이며, 이대로는 직원들 생활을 계속 지켜주기 힘들 것 같아 최근 레스토랑 사업에 착수하였고 이후에는 통신사업도 계획하고 있다는 것. 그리고 이렇게 열심히 노력하면 할수록 무슨 까닭인지 직원들이 자꾸만 회사를 그만두고 있다는 사실까지, 그는 전부 다 털어놓았다.

히라노 씨는 자신이 최선을 다해 회사를 경영해왔다고 믿었다. 맨손으로 시작해서 연 매출 15억 엔의 제법 그럴듯한 회사로 키워냈다는 것에 조금은 자부심을 가지고 있었다. 그러나 이나모리 씨의 입에서 나온 말들은 그러한 그의 자부심을 완전히 무너뜨리는 것이었다.

"하나의 사업조차 제대로 하지 못하면서 충분한 사전준비 없이 다른 사업들에 손을 대다니, 자네 대체 무슨 생각을 하는 겐가? 자네가 지금 하고 있는 경영은 엉망진창이네. 모두들 잘 들으십시오. 이와 같은 방식을 절대로 따라 해서는 안 됩니다. 사실 이런 회사는 벌써 도산했어도 이상할 게 없어요. 여태 망하지 않은 건 그야말로 하늘이 도운 겁니다. 경영자의 사명은 직원과 그 가족들을 행복하게 하는 데 있는 거예요. 히라노 자네는 자동판매기 사업을 통해 그것을 어떻게 실현해갈 것인지, 정신 똑바로 차리고 잘 생각해 본 다음 진심을 다해 경영에 힘을 쏟도록 하게."

의기양양하게 단상에 올라 발표했는데 '절대로 이 사람을 따라 하지 말라'는 소리나 들었으니, 당시 히라노 씨가 받았을 충격이 가히 상상이 된다.

다음 날 아침, 그는 이나모리 씨를 비롯한 세이와주쿠 관계자들과 함께 정기 모임이 열렸던 호텔에서 아침을 들었다. 일곱 시부터 약 한 시간가량 담소를 나누며 식사를 하고 각자 자기 방으로 돌아가려는데, 이나모리 씨가 그를 불러 세웠다. 어제의 발표 이후로 내내 그를 걱정하고 있었던 것이다.

"히라노, 여기 잠깐 남게."

히라노 씨가 그 앞에 가 앉자, 조용한 목소리로 이렇게 말하는 것이었다.

"어제 발표 때 많이 힘들었지? 그런데 아직 다 말해주지 못한 게 있다네. 히라노 자네는 말이야, 의지가 약해. 여기 기사라즈에 산이 있던가? 아, 오다산? 해발 몇 미터쯤 되나? 50미터? 자네도 참, 그게 어디 산인가? 언덕이지. 아무튼 지금 자네가 바로 그 오다산이야. 샌들 신고도 올라갈 수 있는 낮은 산만 올려다보고 있는 걸세. 나는 교세라를 처음 열었을 때 우선은 나카교구(교토시의 11개 구 중 하나−옮긴이)에서 일등, 그다음은 교토에서 일등, 간사이에서 일등, 그리고 일본 일등, 세계 일등이라는 산을 목표로 달려왔네. 높은 산에 오르고자 하면 그에 맞는 훈련을 해야만 하는 법일세. 계획을 세우고 몸을 단련하고 함께 올라갈 사람들에게도 산을 잘 오르는 법을 가르쳐야만 하지. 목표가 한없이 높으면, 해야 할 일 또한 달라지는 것이네. 이 산을 다 올랐다 해서 거기에 안주한다는 건 경영자에게는 평생 있을 수 없는 일이야. 그러니 경영자는 언제나 힘든 법이지. 그건 누구를 위한 것인가? 직원들과 그 가족들을 위한 것 아닌가. 우리에겐 그러한 사명이 있는 것이라네. 자네가 열심히 하는 건 인정하네. 그런데 꿈이 너무 작아. 더 높은 산을 목표로 삼아야 해. 고작 매출 15억 엔을 가지고 이것저것 일 벌이려 하지 말게. 한 가지 일을 철저히 파고들다 보면 반드시 훌륭한 경영자가 될 수 있네. 알겠나?"

마치 씹어 먹여주듯이 찬찬히 일러주신 선생님의 가르침 한마디 한마디를 히라노 씨는 아직도 선명하게 기억하고 있다.

"이 회사는 내 회사다, 나는 부자가 될 것이다, 나는 행복해질 것이다……. 그때까지 저는 결국 제 자신을 위해서만 살아왔다는 걸 깨달았습니다. 그런 회사에서는 직원들이 자기 일에 어떠한 의미도 느끼지 못한 채, 그저 사장의 욕망을 위한 희생양이 되어갈 뿐입니다. 제가 아무리 정의감을 발휘한들, 아무리 노력한들 자기만 생각하는 경영자를 따를 직원은 아무도 없을 테지요. 세이와주쿠에 들어가 7년 동안 그렇게나 선생님 말씀을 듣고 또 들었는데도 정작 아무것도 모르고 있있지 뭡니까. 그날 이후 비로소 선생님의 가르침이 제 몸속을 뜨겁게 달구기 시작했습니다."

얼마 후 발표 모습을 녹화한 비디오테이프가 배달되었다. 단상 위에서 자신을 꾸짖는 이나모리 씨의 모습을 화면을 통해 보는 동안 다음 날 아침에 그에게 들려주셨던 이야기가 떠올라 눈물이 멈추질 않았다. 선생님은 이렇게 어리석은 일개 중소기업 사장을 위해 온 힘을 다해 '경영자란 무엇인가'를 가르쳐주셨다. 히라노 씨는 비디오를 몇 번이고 되돌려 보면서 사장실에 앉아 몇 시간을 울었다.

'나의 행복이 아닌 직원의 행복을 우선으로 생각하자.' 그렇게 스스로에게 맹세한 히라노 씨는 우선, 무계획적으로 꾸려오던 경영을 개선하기 위해 이나모리 씨가 권장하는 아메바 경영을 시작했다.

아메바 경영은 부문별 수치를 매일 정확히 기록해가는 것에서 시작된다. 히라노 씨의 회사는 그때까지 수치 관리를 날림으로 해왔던 터라, 전표를 모조리 다시 체크해야 했다. 그 결과 천8백만 엔이나 되는 미수금이 발견되었다. 음료 제조사로부터 받았어야 할

리베이트 청구서를 3년 치나 경리 담당자가 깜박 잊고 제출하지 않은 것이었다. 또한 배달 담당 직원들은 각 현장에서 휴대용 단말기에 입력한 매상 데이터와 영업소에 되가져온 상품 재고를 매일 대조 확인하는데, 종전에 박스 단위로 확인하던 것을 이제부터는 음료 한 개씩 일일이 확인하여 기록하는 방식으로 변경했다.

그러나 직원들을 위해 시작한 일들이 때로는 현장에서 혼란을 불러오기도 했다. 재고를 음료 한 병씩 대조하려면 그만큼 잔업이 늘어나게 된다. 이에 반발한 직원들이 대거 사표를 내는 바람에 다른 영업소 직원들을 투입하여 급한 불을 껐다.

히라노 씨는 반성한다. "나중에 생각해 보니, 저의 뜻을 직원들과 제대로 공유하지 못했어요. 왜 작업 방식을 변경했는지, 아메바 경영을 도입해 어떤 회사를 만들어가고 싶은지를 직원들과 함께 이야기했어야 했는데 말이지요. 영업소장에게는 제 뜻을 전달했습니다만, 한심하게도 현장 직원들에게 그것을 설명하는 역할을 영업소장에게 떠맡기고 말았습니다. 나름대로 직원을 최우선으로 생각하며 경영한다고 노력하는데도 매사가 늘 이런 식이었어요. 부딪치고 넘어지고 깨지면서 하나씩 배워갔습니다."

이나모리 씨의 가르침을 경영에 도입했다 해서 하루아침에 회사가 달라지는 것은 아니다. 그러나 시간은 좀 걸려도 수많은 조직을 확실하게 변화시켜온 것이 바로 이러한 이나모리식 경영이다. 히라노 씨의 경우도 자주 회식 자리를 마련해 직원들과 이야기할 수 있는 기회를 늘리고 나서야 비로소 회사의 방향성이 통일되었다고 한다.

배달 담당 직원들의 의식을 개혁하는 데도 성공했다. 배달부서는 영업부서와 달리 자력으로 매상을 늘리기가 힘들다. 어떻게 해야 업무 의욕을 향상시킬 수 있을지 고심한 끝에, 히라노 씨는 영업소들을 각각 독립된 아메바, 즉 독립된 채산 단위로 설정하여 서로 수익을 경쟁토록 했다. 이를 통해 주체적으로 상품 조합에 관한 아이디어를 제안하거나 주행 루트를 다시 짜서 배달 차량에 들어가는 연료비를 절감하는 등, 수익을 올릴 수 있는 방법을 각 영업소가 스스로 생각하고 실천하게 되었다. 이렇게 창의적인 아이디어들의 결과가 수치로 나타나니 직원들이 적극적으로 일에 몰두하기 시작했다고 한다.

이와 같이 각 부서에서 아메바 경영이 정착되면서 수익률은 가파르게 상승하였고, 히라노 상사는 적자에서 탈출할 수 있었다. 그리고 이나모리 씨의 충고를 받아들여 일단 축소했었던 레스토랑 사업에도 다시 주력하였다. 현재 '라스페란자'라는 이름의 이탈리아 요리점을 오픈할 예정에 있으며(2013년 기준. 현재 영업 중—옮긴이), 개점 전부터 예약 신청이 들어올 정도로 주목을 받고 있다.

회사 경영이 안정된 것을 계기로 히라노 씨는 복리후생 제도 확충에 힘썼다. 퇴직금 제도를 개선하였고, 재직 중에 직원이 사망하면 그 가족에게 2천만 엔의 위로금을 지급하는 제도도 도입했다. "더 나은 회사를 목표로 한 걸음 한 걸음 나아가, 끝까지 우리 직원들을 지킬 겁니다." 히라노 씨는 다짐한다.

옳다고 믿는 길을 간다. 큰 꿈을 품는다. 직원을 우선으로 생각한다. 그는 이나모리 씨에게 많은 것을 배웠다. 그리고 또 하나, 그가 배운 것이 있다.

세이와주쿠는 일본인 기업가들이 많은 미국과 브라질 등에도 이미 오래전부터 진출해 있었다. 2005년 '세이와주쿠 뉴욕'의 창립식이 개최되었을 때 일이다. 뉴욕에서 창립 행사가 끝난 후 로스앤젤레스에서 열린 강연회에서 히라노 씨는 경영체험 발표를 했다.

강연회가 끝나자 이나모리 씨가 "밥 먹으러 가세" 하고 히라노 씨와 몇몇 학생들을 어딘가로 데려갔다. '비싼 스테이크라도 사주시려나 보다' 하고 기대에 부풀어 선생님 뒤를 따라 들어간 곳은, 저렴한 물건들이 진열된 현지 슈퍼마켓. "아, 이 슈퍼마켓을 통과하면 유명한 레스토랑이 나오는 모양입니다." 일행들은 서로의 얼굴을 쳐다보며 이야기했다. 그런데 이나모리 씨는 누가 봐도 서민적인 일식 푸드코트로 들어가는 것이었다.

멍하니 서 있었더니 "히라노, 자네 일식 싫어하나?" 하고 물었다. "선생님, 아닙니다. 아주 좋아합니다." 히라노 씨는 일단 밝은 목소리로 대답했다. 그의 대답을 듣고 안심한 이나모리 씨는 평소 가장 좋아하는 소고기덮밥과 우동을 주문해 맛있게 먹기 시작했다.

그런데 히라노 씨가 주문한 요리가 좀처럼 나오지 않았다. 그것을 본 이나모리 씨는 "이보게, 이거라도 좀 들게" 하고 가만히 우동 그릇을 내밀었다. 선생님 식사에 젓가락을 바로 대기가 송구하여 히라노 씨가 "덜어 먹을 그릇을 가져오겠습니다" 하고 자리에서 일어서자 이나모리 씨가 말렸다.

"그냥 들게. 우리는 마음을 나눈 소울메이트 아닌가."

쳐다보지도 못할 만큼 높은 곳에 있는 존재라 생각했던 이나모리 씨로부터 '소울메이트'라는 말을 들은 그 순간의 기분을, 히라노 씨는 '온몸이 떨렸다'는 말로 술회한다. 이것은 립서비스가 아니다.

이나모리 씨는 '세이와주쿠는 마음을 함께 키워가는 동료들의 모임'이라는 생각을 가지고, 평소에도 학생들에게 '소울메이트'라는 표현을 즐겨 쓰곤 한다.

"이다음이 또 재미있습니다. 식사를 마치자 '히라노, 다 합해 얼마인가?' 하고 선생님께서 물으시기에 '45달러입니다' 하고 대답하니, 5달러를 휙 내밀며 '총 열 명이니, 이건 내 몫이네. 누가 더 잘 나가고 누구 회사가 더 크고는 상관없어. 우리 모두 대등한 관계니까' 하십니다. 교세라와 KDDI를 합쳐 매출이 수조 엔에 달하는데, 그런 회사를 만든 사람 입에서 이런 말이 나오는 겁니다. 잘났다고 거들먹대는 사장들을 그간 수도 없이 봐왔기에, 그저 감복할 수밖에 없었지요."

또 어떤 날은 이나모리 씨가 그에게 사람을 보내 교세라에서 강연을 해달라는 말을 전해왔다.

"왜 제게 교세라에서 강연을 하라고 하시는지 이해할 수 없었어요. 이쪽은 매출 15억 엔의 중소기업이고, 저쪽은 매출 1조 엔의 거대기업 아닙니까. 게다가

평사원 대상도 아니고 임원연수회에서 강연을 하라니……. 선생님께 도움이 되는 일이라면 무슨 일이든 할 수 있습니다만, 왜 굳이 저 같은 사람에게 강연을 맡기시는지 알 수가 없었지요."

이나모리 씨의 진짜 의도는 이러했다고 한다. 교세라의 간부들은 열심히는 하는데 이나모리 씨가 보기에는 열정이 부족했다. 늘 죽느냐 사느냐 하는 기로에 서서 치열하게 회사를 경영하고 있는 중소기업 사장의 이야기를 그들에게 들려주고 싶었던 것이다. 그래서 세이와주쿠 학생들 중에서 서투르지만 필사적으로 분투하고 있는 히라노 씨를 부르기로 한 것이었다.

"하긴 저같이 엉망진창인 경영자도 성실하게 열심히 노력하니 조금씩 회사가 좋아졌지 않습니까. 교세라 임원분들께 참고가 될 만한 게 뭐 딱히 있겠습니까마는, 이것도 다 공부다 생각하자며 각오를 굳혔지요."

강연 당일, 죽 늘어앉은 교세라 간부들 앞에서 그는 이렇게 이야기를 시작했다.

"여러분은 교토대학 같은 일류 대학을 졸업한 우수

한 분들입니다. 그런 여러분 앞에서 왜 저 같은 사람이 이야기를 하고 있는 것인지는 잘 모르겠지만, 이나모리 선생님께서 하라고 하시니 이렇게 왔습니다. 가난뱅이의 아들인 제가 무일푼으로 시작해서 회사를 세우고 어깨너머로 배운 경영으로 회사를 운영하면서, 선생님을 만나게 되어 여러 가지를 배우고 죽기 살기로 열심히 노력했더니 어떻게든 모양새가 잡혔습니다. 아직은 작은 회사지만, 앞으로 인구 13만의 시골 마을인 기사라즈 내에서 가장 높은 매출을 올리는 회사로 만들고 싶습니다. 그리고 직원들 월급도 제일 많이 주는 회사로 만들고 싶습니다. 어디에 내놓아도 부끄럽지 않은, 그런 훌륭한 회사로 만드는 것이 제 목표입니다."

그렇게 한 시간 동안 생각나는 대로 말을 이어갔다. 그가 놀란 것은, 거칠고 서투른 그의 이야기를 열심히 메모까지 해가며 듣던 간부들의 모습이었다. 그뿐만이 아니었다. 한 시간의 발표가 끝난 뒤에도 장장 두 시간 반 동안이나 질의응답이 이어졌다.

"히라노 씨, 이러이러한 난관은 어떻게 극복하면 좋

을까요?"

"부하직원이 말을 안 듣는데, 어떻게 해야 합니까?"

간부들은 마이크를 돌려가며 한 명씩 차례대로 그에게 질문을 던졌다.

"명문대 출신들을 상대로 두 시간 반이나 질문에 답을 하다니, 참 용케도 버텨냈다고 스스로를 칭찬해주고 싶네요. 그중에 반은 제대로 대답도 못했다고 생각하지만요." 그는 웃었다.

후에 교세라의 간부들이 그에게 감사 편지를 보내왔다. 여러 장의 편지지에 저마다 따뜻한 마음을 담아, 감사의 말들을 정중하게 써 내려가고 있었다.

"편지를 읽으며 저도 모르게 눈물이 나더군요. 세상에 자기 회사 간부에게 중소기업 사장 나부랭이가 하는 이야기를 세 시간 반이나 듣게 하는 대기업 경영자가 '이나모리 가즈오'란 사람 말고 또 있을까요? 경영자는 아무리 높이 올라가도 '늘 겸허해야 하고 교만해지지 말아야 한다'는 것을 배웠습니다."

히라노 씨에겐 특별히 가슴 깊이 새기고 있는 선생

님의 말씀이 있다.

"우리의 영혼을 '따뜻한 마음', '배려하는 마음', '아름다운 마음'으로 채우면서, 처음 세상에 왔을 때보다 더 멋진 영혼을 가지고 이 세상을 떠날 수 있도록 사는 것이 인생의 목표이다."

이러한 선생님의 가르침을 접하면서 그는 '비뚤어져 있던 마음이 점차 치유되어 갔다'고 한다. 신기하게도 아버지에 대한 분노의 감정 또한 누그러져 갔다. 이혼이라는 것이 어느 한 쪽의 일방적인 잘못이라 할 수 없고 아버지에게도 말 못 할 사정이 있었을 것이라 생각하게 된 지금은, 돌아가신 아버지를 가끔 꿈에서 뵙는다고 한다.

"요시카즈, 정말 미안했다. 힘내서 열심히 살아라."

꿈속에서 아버지는 늘 이렇게 말씀하시며 미소를 지으신다. 아버지가 집을 나가고 나서 히라노 씨는 단 한 번도 아버지의 웃는 얼굴을 본 적이 없다. 그것은 그의 기억 저편에 남아있는, 아버지와 즐거운 시간을 보냈던 어린 시절 추억 속의 그 미소였다.

人
德
經

혼을 담지 않으면 경영이 아니다

요코하마시 고호쿠 인터체인지 출구는 휴일이면 이케아에 가려는 차들로 극심한 정체가 빚어진다. 북유럽풍의 모던한 가구를 구입하기 위해 먼 데서도 젊은 가족들이 엄청나게 몰려든다. 떠들썩한 그곳을 뒤로 하고 이케아와 반대 방향으로 핸들을 돌리면 오래된 공장지대가 나오는데, 그 한 귀퉁이에 세이와공업이 자리하고 있다.

파트타임 근무자까지 합해 총 37명의 직원을 둔 작은 공장이지만, 산업용 유압제어장치 업계에서는 높은 시장 점유율을 차지하고 있다. 제철 및 제지 공장을 비롯한 일본 내 유명한 대기업을 단골로 두고 있을 정도다.

회사명인 세이와공업은 세이와주쿠에서 따온 것이 아니다. 창업자이자 현 회장인 구리야노 가오루 씨는 이나모리 씨와 같은 가고시마 출신. 고향의 영웅인 사이고 다카모리西鄕隆盛의 '세이盛'와 평화와 화합을 의미하는 '와和'를 합쳐 세이와공업이라 이름 지었다. 현재는 장남인 구리야노 세이이치로 씨가 사장을 맡고 있다.

세이이치로 씨가 세이와주쿠에 들어간 것은 그의 나이 30세 때. 1993년, 세이와주쿠 요코하마 지부가 개설될 때 그 일을 거들었던 아버지와 함께 입문하게 되었다. 이나모리 씨의 이름은 알고 있었지만 그의 경영철학까지는 잘 알지 못했다. 처음으로 이나모리 씨의 강의를 들었을 때 많은 학생이 그러했듯 구리야노 씨 역시 '스님이 이야기를 하고 있나' 하고 제 귀를 의심했다고 한다. 잔잔한 목소리로 인간의 마음에 대해 이야기하는 그 모습은 정말이지 경영자와는 거리가 멀어 보였던 것이다. 그러나 이나모리 씨의 이야기들은 그 당시 경영자로서 구리야노 씨가 안고 있던 고민을 해소해 주었다.

"매스컴 관계자분 앞에서 이런 말씀 드리긴 뭣하지만, 매스컴에서는 저희 같은 소규모 공장을 3D Dangerous, Dirty, Difficult 업종이라며 무시해오지 않았습니까. 일본의 산업을 밑바닥에서 떠받치고 있는 중소기업 기술을 3D라는 한마디로 정리해버린 거지요. 그 때문에 한순간에 낙동강 오리알 신세가 됐습니다. 취직을 희망하는 사람이 급격히 줄었어요. 다들 땀 흘리지 않고 우아하게 돈 벌 수 있는 방법을 선택하려고 합니다. 그런 가치관이 만연하니 기술자들조차 현장을 경시하고, 미국의 비즈니스 스쿨에 MBA(경영학 석사)를 따러 가요. 작은 공장이어도 저희는 이 일에 자부심을 갖고 있는데, 세상은 저희를 그렇게 보지 않습니다. 세이와주쿠 입문 당시 저는 그러한 사실에 커다란 괴리를 느끼고 있었고, 어떠한 사고방식을 가지고 경영에 임해야 할지 몰라 혼란스러워하던 차였습니다."

세이와주쿠에는 소규모 공장을 경영하는 수많은 경

영자가 있다. 작은 운송회사 사장도 있고, 미장일을 하는 사장도 있다. 또 파친코 회사나 상조회사처럼 편견을 갖기 쉬운 기업들도 세이와주쿠에 이름을 올리고 있다. 일본 구석구석에서 날마다 구슬땀을 흘리고 있는, 큰 꿈을 가진 중소기업 경영자들이 세이와주쿠 모임에 나와 열심히 경영을 공부하고 있다. 그리고 때때로 이나모리 씨와 수백 명의 학생 앞에서 자신의 경영 인생을 당당히 이야기하기도 한다.

그들이 세이와주쿠에 모이는 이유는 바로, 고난을 이겨내며 여기까지 올라온 이나모리 씨의 인생에 공감하기 때문이다. 이나모리 씨 또한 그런 그들의 마음을 저버리지 않고 최선을 다해 학생들에게 응원을 보낸다.

"교세라도 여러분이 운영하는 공장과 마찬가지로, 뜨겁고 질척한 세라믹을 다루는 그야말로 3D 회사였습니다. 그럼에도 이만큼 큰 회사로 성장시킬 수 있었으니, 여러분이라고 못할 이유가 없습니다. 우선은 경영 이념을 명확히 하고, 직원들에게 그들이 하는 일의 의의를 설명하십시오. 자신들이 하고 있는 일이 이 세상에 어떠한 도움을 주고 있는지 그 대의를 알게 하고, 그들이 힘을 낼 수 있게 하십시오."

선생님의 이 말에 구리야노 씨는 얼마나 큰 용기를 얻었는지 모른다.

"제 일에 자부심을 가지고 있으면서도 마음 한편에서는 '어차피 하청이니까', '어차피 중소기업이니까' 하고 스스로를 비하하고 있었음을 선생님 말씀을 듣고서 깨달았지요. 세상이 뭐라 하든 나는 나라고. 확고한 존재의식과 정체성을 가지고 회사를 경영해 가자고 다짐을 굳히고 나니 망설임이 사라졌습니다."

마음의 중심이 바로 섰다. 그러나 구리야노 씨의 경우는 여기서부터가 문제였다. 그의 생각이 좀처럼 직원들에게 전해지지 않았던 것이다. 그 이유는 그가 '2대 경영자'이기 때문이었다.

"아버지께선 제가 30대였을 때부터 이미 회사 경영의 대부분을 위임하셨습니다. 그런데 장남으로서 가업을 이을 뿐이라는 수동적인 생각을 가지고 시작했으니, 창업자이신 아버지와 비교해 아무래도 열정이 부족했지요. 사장 아들이랍시고 떡하니 회사에 들어오긴 했는데, 기술도 하나 없고 또 영업실적도 선배 직원들을 못 당하고요. 제 스스로는 열심히 노력한다고 하는데도, 특히 저보다 나이가 많은 직원들은 쉽사리 저를 인정해주지 않았습니다."

2대 경영자의 리더십. 이것을 갖추기 위해 그는 전쟁을 치러야 했다.

IT버블(1990년대 말, 인터넷의 폭발적 성장으로 관련 벤처 기업들의 주가가 폭등하여 엄청난 버블을 형성하였다-옮긴이) 붕괴 직후인 2001년. 거래처였던 한 대기업이 설비투자를 억제하는 바람에 세이와공업은 종전의 5분의 1로 일거리가 격감되었다. 연 매출 4, 5억 엔 정도를 달성하던 회사가 갑자기 한 달에 몇백만 엔의 매출밖에 못 올리는, 차마 눈 뜨고 볼 수 없는 상태가 된 것이다.

공장을 구석구석 청소하고 잡초도 싹 뽑았다. 그러

고서는 이내 할 일이 아무것도 없어져, 일부 직원에게 자택 대기 발령을 내렸다. 그 무렵 신규 사업으로서 도쿄대학과 공동으로 광촉매 기술을 사용한 공기청정기를 개발하고 있었으나, 자금과 인원을 충분히 투입할 수 없어 상품화가 지연되었고 은행 빚만 눈덩이처럼 불어났다. 마침내 공장 두 곳 중 한 곳을 폐쇄. 생존을 건 카운트다운이 시작되었다.

회사에 위기감이 감돌자 직원의 3분의 1 가까이가 줄줄이 사표를 냈다. 게다가 유능한 직원들부터 차례로 회사를 떠나갔다. 업무에 지장이 생겨 어쩔 수 없이 구리야노 씨가 경영과 공정설계를 동시에 맡아서 했다. 하루에 세 시간밖에 자지 못하는 날들이 이어졌다.

어떻게 하면 이 벼랑 끝에서 탈출할 수 있을까. 그는 지푸라기라도 잡는 심정으로 시간을 쪼개어 세이와주쿠에 드나들었다. "마치 사막 한가운데서 목이 바짝 타들어 가는 듯한 기분이었습니다." 구리야노 씨는 그때의 심경을 이렇게 표현했다.

구원을 갈망하며 이나모리 씨의 강의를 듣는 동안,

한마디 한마디가 가슴 깊이 스며들었다. 동시에 그는 맹렬한 자기혐오에 빠졌다. 입문하고 8년이 되도록 세이와주쿠에서 애써 배운 가르침을 하나도 실천하지 않은 자신을 발견했기 때문이다.

예컨대 선생님의 가르침 중 하나인 '누구에게도 지지 않을 만큼의 노력'을 나는 과연 어디까지 도전했는가. 곰곰이 생각해 보니, '누구에게도 지지 않을 노력'이란 어느 정도의 노력을 의미하는 것인지조차 알 수가 없었다. 구리야노 씨는 다른 학생들에게 머리 숙여 부탁하고 다녔다.

"누구에게도 지지 않을 만큼의 노력이라는 건 어느 정도의 노력을 말하는 것인지 가르쳐 주십시오."

"몇 날 며칠을 잠도 안 자고 일해야지요."

"자기 분야에서 시장 점유율 1위를 차지하면, 결과적으로 누구에게도 지지 않을 만큼 노력한 것 아니겠습니까."

학생들의 대답은 제각각이었다.

'누구에게도 지지 않을 만큼'이 얼마만큼인지는 모

르지만 거기에 도달하기 위해서는 어찌 됐든 계속 노력할 수밖에 없다고 마음먹은 구리야노 씨는 일단 '경영의 원점 12개조'를 철저하게 실천에 옮기기로 했다.

'사업의 목적과 의의를 명확히 하라'로 시작되는 12개의 조항은 이나모리 씨가 교세라를 창업한 무렵에 정리한 것으로, 경영의 진수라 일컬어진다(131쪽 참조). '누구에게도 지지 않을 만큼 노력하라'는 네 번째 조항에 해당하는 가르침이다. 구리야노 씨는 이 12개 조항의 참뜻을 이해하기 위해, 자신의 말로 문항들을 다시 풀어 써보기로 결심했다. '선생님의 가르침을 바탕으로, 스스로 경영 방침을 세워야만 한다'는 세이와주쿠 선배들의 말을 떠올렸기 때문이다.

은둔 수행이라 말하면 좀 과장되지만, 회사 경영이 벽에 부딪혔을 때 조용한 호텔에 며칠이고 틀어박히는 경영자들이 세이와주쿠에는 많이 있다. 이나모리 철학과 다시금 진지하게 마주하는 시간을 갖는 것이다. 구리야노 씨에게는 호텔에 머물 시간적, 금전적 여유도 없었기 때문에, 일요일마다 혼자 회사에 나와 이나모리 씨가 정리한 '교세라 철학'이나 그의 저서를 읽으며 '경영의 원점 12개조'의 의미를 생각하고 또 생각했다.

예를 들어 마지막 열두 번째 조항에 등장하는 '꾸밈없는 마음'. 꾸밈없고 진솔한 마음이란 단순히 다른 이의 말을 순순히 받아들이면 되는 것이라고 그는 생각하고 있었으나, 이나모리 씨는 그렇지 않다고 했다. 나의 미흡한 점을 인정하고 반성하며 더욱 노력하는 것. 거기까지가 진정 '꾸밈없는 마음'인 것이다. 다른 이의 말을 듣고 행동을 고치지 않는다면 그것은 그저 듣는 것에 지나지 않는다고 이나모리 씨는 충고한다. '내 생각이 짧았구나' 하고 구리야노 씨는 반성했다. 자신의 공부가 부족하다는 것을 느낀 뒤로는 다른 학생들과 대화할 때도 주의를 기울이게 되었고, '모두가 이만큼 깊은 생각을 하고 있구나' 하고 놀라는 일도 많아졌다.

이렇게 '경영의 원점 12개조'를 이해하려 노력하면

서, 그리고 스스로와 마주하면서 구리야노 씨는 가장 자기다운 말을 만들어 갔다. 썼다가 지우고, 또 썼다가 지우기를 여러 번. 수도승이 선문답하듯 신중하게 말을 골랐다. 하루 온종일 생각해도 말이 떠오르지 않을 때도 있었지만, 회사를 다시 일으켜 세워야 한다는 강한 의지가 그를 앞으로 나아가게 했다. 이렇게 구리야노 씨는 꼬박 일 년에 걸쳐 세이와공업의 경영이념을 다음과 같이 정리했다.

전 직원의 행복을 물심양면으로 추구하며 사회의 진보에 공헌한다. 고객에게 기쁨을 주는 기술·서비스·제품을 제공하고, 매출을 최대로 경비를 최소로 하여 공명정대하게 이익을 추구한다.

1. 선하고 꾸밈없는 마음으로 인생을 산다.
2. 그릇된 마음을 가지고 인생을 살지 않는다.
3. 일을 사랑하고, 일에 몰두하고, 일에 정진하고, 일에서 기쁨과 즐거움을 찾는다.

4. 스스로 열정을 불태우고, 꿈을 드높이고, 자신의 무한한 가능성을 추구한다.

5. 인생에는 기쁨과 고난이 늘 함께한다.

이상하게도 이 글귀들을 생각해내면서 그는 전보다 직원들과 마음이 잘 통하게 되었다. 아마도 말하는 방식이 달라졌기 때문이 아닐까 하고 그는 추측하고 있다. 예를 들어 무조건 "품질 향상에 더 힘써주세요" 하는 식으로 말하는 것이 아니라, "아무개 씨가 만드는 제품들이 이 정도 수준에 그쳐도 괜찮겠습니까?" 하는 질문을 던지면 기술 장인으로서의 자존심에 자극을 줄 수 있다는 것을 알았다.

"스스로도 놀랄 정도로 말을 잘 다룰 수 있게 되었습니다. 말의 의미를 여러 날 깊이 파고들다 보니, 단순한 말 한마디로도 상대방의 마음을 얻을 수 있음을 알게 되었지요. 선생님께서 보통 말씀하실 때 그냥 '진지하게 하라' 하시지 않고 '엄청 진지하게 하라'고 표현하시는 건 그 편이 더 마음이 잘 전해지기 때문이겠지요. 말에는 혼이 담겨있다고 하지 않습니까. 진심을 담아 이야기한다면, 절 인정하려 하지 않는 나이 많은 직원들도 분명 설득할 수 있다고 확신했습니다. 이나모리 선생님께선 처음 본 사람인데도 그 학생의 본심을 대번에 꿰뚫어 보고 호되게 혼을 내시는 일이 평소 자주 있지 않습니까. 그것이 가능한 이유는 대수롭지 않은 말 한마디에도 그 사람의 인간성이 모두 드러나기 때문이라 생각합니다."

커다란 위기에 직면해 자기 자신과 싸워나가면서, 구리야노 씨는 이제야 조금 경영자로서의 리더십을 갖출 수 있는 실마리를 손에 넣은 기분이었다. 그럼 이제, 이 경영이념을 직원들에게 어떻게 전달해갈 것인가.

그가 만든 경영이념의 기본은 어디까지나 이나모리 철학이었다. 그래서 그는 세이와주쿠에서 제작한 달력에 실려 있는 이나모리 씨의 말을 매일 아침 다 같이 따라 읽게 했다. 읽고 나서 직원들에게 그에 대한 느낌을 말해보게 하고, 구리야노 씨가 보충 설명을 했다.

"불교 용어도 나오고 하니 직원들이 처음에는 당황하더군요. 철학이라 하면 종교적인 느낌이 강해 괜스레 꺼려할지 몰라서, '인간의 기본적인 삶의 자세' 라고 설명하면서 일부러 철학이라는 단어를 일절 쓰지 않았어요."

경영이념 중 하나인 '매출을 최대로, 경비를 최소로' 를 구현하기 위해 아메바 경영도 도입했다. 부서별로 날마다 결산한 것을 종합하여 한 달에 한 번 전 직원에게 공개하고 이에 대해 함께 논의했다.

"그때까지 저희 회사 기술자들은 회계수치 같은 건 본 적도 없었어요. 아는 것이라고는 수도세 정도였고, 리스료가 뭔지도 모르는 수준이었지요. 직원들이 싫어해도 차근차근 자꾸만 설명해줬습니다. 숫자들을 맞춰보고 또 맞춰보고 했더니, 어느 날부터 직원들이 먼저 이런저런 질문을 하더라고요. 선생님께서 '결산서는 드라마다' 라는 말씀을 하셨습니다. 그날그날 아메바 경영으로 산출되는 결산서를 보고 있으면 '어디 부서 아무개가 이러이러한 생각으로 이만큼 전기를 썼구나' 하는 것들이 보인다 하셨지요. 저도 처음에는 그저 숫자의 나열로밖에 보이지 않던 결산서를 매일같이 뚫어지게 쳐다보다 보니, 나중에는 우리 직원들의 일하는 모습이 손바닥 보듯 훤히 보였습니다."

직원들이 실적 회복을 향해 한마음이 되어 노력하기 시작하니 매출 증가는 저절로 따라왔다. 이렇게 경영에 자신을 얻게 된 구리야노 씨를 경영자로서, 그리고 인간으로서 한층 더 성숙하게 만드는 사건이 일어난다. 아내가 병에 걸린 것이다.

아내는 이전부터 세이와공업 직원으로서 회사 일을 도왔다. 음으로 양으로 구리야노 씨에게 힘이 되어준 사람이었다. 그런데 바로 어제까지도 평소와 다름없이 건강한 모습이었던 아내가 어느 날 아침 갑자기 자리에서 일어나지 못하게 된 것이다. 척수 내의 정맥이 부풀어 오르는, 수십만 명 중 한 명꼴로 나타나는 난치병이라고 의사는 진단했다. 아내는 그날부터 휠체어에 앉아 생활해야만 했다. 정신적으로 심한 충격을 받은 아내는 "차라리 죽는 게 나았을지도 몰라" 하고 몇 번이고 되뇌었다.

　그때 막내딸은 겨우 두 살이었다. 구리야노 씨는 해도 뜨기 전부터 큰아이의 도시락을 싸야 했고, 일하다 말고 회사를 빠져나와 아이를 어린이집에 데려다주고 또 시간 맞춰 집으로 데려오는 것이 일상이 되었다. 한숨 돌릴 새도 없이, 납입처로부터 빨리 와달라는 전화가 걸려오면 곧바로 달려갔다. 울고 있을 틈도 없었다. '경영 위기에 이어 아내까지 병에 걸리다니, 왜 나만 이런 일을 당해야 하나.' 원망의 말이 목구멍까지 치밀어 올랐지만, 입 밖에 내는 순간 가족도 회사도 무너져 내릴 것 같았다. 어찌 됐든 눈앞에 닥친 일을 해나갈 수밖에 없었다.

　거의 자포자기하고 있던 그의 머릿속에 문득, 이나모리 씨가 가르침을 받았다는 사상가 나카무라 덴푸가 떠올랐다. 서점에서 책을 사서 병실로 가져갔다. 그리고 실의에 빠져있던 아내와 함께 책을 펼쳤다.

　'설령 내 몸이 병들었다 해도, 마음까지 병들지 말라.'

이와 같은 구절을 발견하고 아내와 그는 서로 마주 보았다. 몸이 자유롭지 못해 불행한 것이 아니다. 불행하다고 믿기 때문에 불행해지는 것이다. 우리는 마음먹기에 따라 행복해지기도, 또 불행해지기도 한다…….

그때까지 그는 인간의 삶에 대해 아내와 이야기를 나눈 적이 없었다. 너무나 사랑했던 아내와 결혼을 하고, 당연한 듯이 아이들이 태어났다. 그것이 얼마나 행복한 일이었는지 알지 못했다. 아내의 병을 계기로 처음으로 두 사람은 삶과 죽음에 대해 생각했고, 이 땅 위에 숨 쉬며 살아가고 있음을 실감하기에 이르렀다.

'마음까지 병들지 말라.' 힘을 합쳐 앞으로 나아가겠다고 다짐한 두 사람은 병마로 인한 슬픔을 떨쳐낼 수 있었다.

이러한 경험을 통해 구리야노 씨는 달라졌다. 이제까지 그는 '내가 회사에 가장 많은 기여를 하고 있다'는 생각을 가지고 있었다. 회사 재건의 선두에 서있는 것도 나고, 이나모리 철학을 직원들에게 가르치고 있는 것도 바로 나라고. "직원들에게 늘 마음을 쓰고는 있었지만, 그건 제가 경영자이기 때문이지 애정은 아니었습니다."

그런데 아내가 병으로 쓰러졌고, 경영과 간병과 육아가 온전히 그에게 떠맡겨졌다. 게다가 영업 실적이 호전되어 일거리가 늘어난 상황이었기에 구리야노 씨는 직원들에게 의지할 수밖에 없었다.

"그때 저는 진심으로 직원들에게 고맙다는 말을 할 수 있었습니다. 나중에 돌이켜 보아도, 그때 했던 고맙다는 말과 그전까지의 고맙다는 말은 전혀 다른 것이었어요. '내가 가장 많은 노력을 하고 있다'고 자만하고 있었을 때는, 말로는 고맙다 하면서 그 속에 가시가 있었던 것 같습니다. 그런데 정말 많이 힘들었을 때 직원들의 도움을 받고서 '고맙다'는 말에 혼이 담겨 나온 거지요. 아내의 병을 통해 살아있음에 감사하게 된 것이 크게 영향을 미친 것 같습니다."

그의 마음이 달라지니 직원들에게도 변화가 찾아왔

다고 한다.

"직원들이 세이와공업을 아끼고 사랑하게 된 것이라 생각합니다. 경영자가 진심 어린 애정을 보여주는데 직원이라면 누구나 기쁘지 않겠습니까. 그런 회사를 위해 나도 더 열심히 일해야겠다는 마음이 드니, 직원들이 스스로 먼저 행동하게 되었지요. 지금 같아서는 회사가 또다시 기운다 해도 아무도 회사를 그만두지 않을 겁니다. 경영자의 애정이라는 건 그만큼 직원들을 변하게 하더군요. 이것은 경험해 본 사람이 아니면 모를 테지요."

무턱대고 일만 해서는 경영을 할 수 없다. 매사를 깊이 생각해서 실행에 옮기고, 깊은 사랑으로 직원들을 감싸 안는 것. 이러한 '깊이'가 경영자에게는 필수불가결한 요소라고 구리야노 씨는 믿고 있다. 이나모리 씨는 늘 이렇게 말한다. '시스템으로 움직이는 서양식 경영은 매니지먼트이지 경영이라 부를 수 없다. 혼을 담지 않으면 경영이 아니다.'

"진심으로 고맙다는 말을 할 수 있게 되면서부터

는, 혼을 담는다는 게 어떤 것인지 아직 부족한 저도 조금은 알 것 같습니다." 그는 이렇게 말하며 웃어 보였다. "만약 아내가 쓰러지지 않았다면 저는 아직도 경영자에게 필요한 애정이라는 것을 깨닫지 못했을지도 모릅니다. 경영자로서 눈을 뜨는 순간이 언제 어떻게 찾아오는지는 운명에 달렸다고밖에 말할 수 없을 것 같네요."

일찍이 도산 직전까지 몰렸던 회사는 현재 자기자본 비율을 40퍼센트까지 회복했다. 리먼 사태 후에는 매출이 전년 대비 40퍼센트 하락했었으나, 점차로 수익성을 높이고 전 직원이 한마음으로 경비 절감에 힘쓴 결과 적자로 돌아서는 것을 막을 수 있었다. "40퍼센트나 하락했는데도 흑자를 유지했다는 사실엔 저도 놀랐습니다. 교세라도 1차 석유 파동(1973년 4차 중동전쟁으로 인해 국제 유가가 폭등하여 전 세계에 심각한 경제적 위기를 초래한 사건 – 옮긴이)을 맞았을 때, 가장 저조한 달의 매상이 전년의 절반 이하까지 떨어졌었지만 적자를 기록하지 않았다고 합니다. 이 역시 이나모리식 경영의 효과겠지요."

도쿄대학과의 산학협력으로 진행하고 있던 광촉매 사업도 그 후 공기청정기 등의 제품을 차례로 시장에 선보여, 이제는 회사를 지탱하는 제2의 기둥으로 성장했다.

"자본도 인재도 한정되어 있는 상황에서 어떻게든 사업을 추진할 수 있었던 것은 죽기 살기로 노력했기 때문이라 생각합니다. 선생님께서는 '하늘조차 내 편으로 삼을 만큼 노력하라'고 말씀하셨지요. 마지막에 천운을 내 것으로 만들 수 있는가. 바로 이것이 '누구에게도 지지 않을 만큼의 노력'인지도 모르겠습니다."

겸허한 마음으로 사리사욕을 버려라

"세이와주쿠 동료들은 저보고 성격이 꼬였다며 한소리 합니다. '이타심'이라던가 '동기가 선하고 사심이 없어야 한다'와 같은 선생님 말씀은 원래 우리 같은 보통 사람이 우쭐대며 마구 써도 될 만큼 가벼운 것이 아니라고 제가 늘 딴죽을 거니까요. 하지만 솔직히, 입문한 지 얼마 되지도 않은 사람들이 마치 다 아는 양 의기양양한 얼굴로 '누구에게도 지지 않을 만큼 노력하고 있다'는 둥 떠드는 것을 보면 위화감을 느낍니다. '당신 정말 그렇게 하고 있습니까? 장담할 수 있습니까?' 하고 묻고 싶어져요. 그리 쉽게 입에 담을 말이 아닌데 말이지요."

오기야마 신지 씨는 이색적인 학생이다. 이나모리 씨의 열렬한 추종자이면서도 이나모리 철학을 직접적으로 받아들이지는 않는다. 그러한 차이가 존재한다는 점에서 조금 독특한 인물이다.

오기야마 씨는 지바현 이치하라시에 본사를 두고 있는 제트에이ZA의 사장이다. 창업은 1987년, 양복 수선업으로 시작하여 리사이클 사업을 통해 성장의 발판을 마련했다. 중고 낚시용품점인 '낚시도구랜드' 10개 매장과 중고 골프용품점인 '골프랜드' 8개 매장을 운영하는 한편, 오리지널 티셔츠를 제작하는 등 폭넓은 사업을 전개하고 있다. 이치하라시 야구장의 명명권命名權을 구입하여 '제트에이 볼파크'라 이름 짓는 등 이치하라 시내에서는 유명한 기업이다.

오기야마 씨는 1996년, 잡지 기사를 통해 세이와주쿠를 우연히 접하고서 경영을 공부하기 위해 입문하게 되었다. 그러나 이나모리 씨의 말을 들을 때마다 고개를 갸웃거렸던 적이 많았다고 한다.

예를 들어 대표적인 가르침인 '동기가 선하고 사심이 없어야 한다'는 말. 이나모리 씨는 새로운 일을 시작하려 할 때, 그 동기가 사심에서 비롯된 것은 아닌지 늘 스스로에게 반문해왔다. 동기가 선(이타심)인지 악(이기심)인지가 성공과 실패를 가르는 가장 큰 요인이라 생각하기 때문이다.

그중에서도 제2전전의 창업 일화가 널리 알려져 있다. 1985년 일본 내 통신사업 자유화가 결정되었지만, 전전공사라는 거대 기업을 상대로 누구도 감히 나서려 하지 않았다. 그러한 상태로는 일본 경제에 도움이 되지 않는다고 생각한 이나모리 씨는 교세라와 전혀 다른 분야인 통신회사를 설립하게 된다. 사사로이 돈을 벌고자 함은 아닌지, 과연 그 동기가 선한지를 매일 밤 스스로에게 묻고 또 물은 끝에 내린 결단이었다.

그러나 오기야마 씨는 세이와주쿠의 학생들이 '동기가 선하고 사심이 없어야 한다'고 말하는 것을 듣고는 저도 모르게 눈살이 찌푸려졌다. "그런 입에 발린

소리들을 하지만, 사실은 부자가 되기 위해 회사를 경영하는 것 아닙니까. '동기는 돈이고 오로지 사심밖에 없다'고 한다면 이해할 수 있어요. 내 아이에게 당당히 말할 수 있고 누가 봐도 부끄럽지 않은 일을 하고 있다면야, 그 동기가 돈이면 어떻습니까. 저는 창업 이래 줄곧 그런 생각을 가지고 있습니다."

'정의를 관철하라', '경영자는 겸허해야 한다'와 같이 공감할 수 있는 이야기들도 많이 있었고 또 자신과 같은 중소기업 경영자의 성공담을 듣는 것이 즐거웠기 때문에 세이와주쿠를 그만둘 생각까지는 하지 않았다. "우습게도 제가 그 시절엔 비싼 고급차 몰고 다니면서 선생님의 강연 테이프를 틀어놓고 '음 그렇지, 역시 사람은 겸손해야 돼' 했다니까요. 핸들을 한 손으로 잡고 다른 손은 창문 밖으로 척 걸쳐놓고서 말이지요. 지금 생각하니 겸손을 배우려는 마음이 눈곱만큼도 없었네요." 오기야마 씨는 웃었다.

그는 미야자키시에서 오 남매의 막내로 태어났다. 그의 집은 가난했다. 토목공사 일에 종사하던 아버지는 일꾼 수십 명을 모아 작은 조직을 만들어 규슈 각지의 공사현장을 찾아다녔다. 그런데 그가 다섯 살 되던 해에 아버지는 빚을 지고서 일을 그만두어야 하는 상황이 됐다. 먹고살기 위해 아버지는 폐품 줍는 일을 시작했고, 오기야마 씨도 학교에서 돌아오면 쉴 틈도 없이 일을 도와야 했다.

부모님의 사랑을 듬뿍 받고 자란 그는 가난을 힘들다 느낀 적이 단 한 번도 없다고 한다. 하지만, 친구가 유치원에 들어가도 그는 함께 다닐 수 없었다. 친구의 새로 산 장난감이 부러워도 그는 살 수가 없었다. 이 세상에는 돈이 없으면 할 수 없는 일들이 있다는 사실이 어린 그의 가슴에 깊이 새겨졌다.

그래서 그의 동기는 늘 '돈'이었다. 금전욕은 '고급차를 차고 싶다', '좋은 손목시계를 차고 싶다', '커다란 집에 살고 싶다'와 같은 물욕으로 이어지기 쉽다. 오기야마 씨 역시 그러해서, 사업이 궤도에 올라 돈이 좀 모이자 닥치는 대로 물건을 사들였다. 차는 무조건 고급차, 그것도 전부 다 앞뒤로 긴 외제차들뿐이었다.

그것도 모자라 또 금방 새 차로 갈아치웠다. 사는 행위 자체가 목적이 되어 물건을 사는 순간 바로 질려버렸던 것이다. 손목시계 같은 것도, 이번에 이 브랜드를 사면 다음번엔 저걸 한번 사볼까 하는 그런 생각들로 온통 머릿속이 가득했다. 그의 과소비는 끝이 없었다.

"사업을 시작하고 처음으로 사옥으로 쓸 2층짜리 건물을 지었을 때는 얼마나 기뻤는지 모릅니다. 사옥을 올리고서 맨 처음 제가 무얼 샀는지 아십니까? 아직 골프는 시작도 안 했는데 퍼팅 연습 세트를 샀다니까요. 영화나 드라마에 보면 사장님들이 사장실에 인공 잔디를 깔아놓고 퍼팅 연습하는 장면이 나오지 않습니까. 옆에서 부하직원이 보고하는 내용을 한 귀로 들으면서요. 바로 그겁니다. 저는 그걸 해보고 싶었어요. 그래서 책장도 소파도 아무것도 없는 곳에다 퍼팅 연습 세트부터 사서 들여놓고는, '좋았어, 나도 드디어 사장실이 생겼다 이거야' 하며 성취감에 젖어 있었지요. 웃기지 않습니까? 예선의 저는 돈을 그렇게밖에 쓸 줄 몰랐습니다."

이나모리 씨의 가르침은 대부분 스스로를 억제해야 하는 것들이다. 사치스러운 나날을 보내던 오기야마 씨가 그것을 이해하기까지 많은 시간이 걸린 것은 어찌 보면 당연했다. 만약 사업이 기울었다면 그 가르침에 매달렸을지 모르나, 불행인지 다행인지 사업은 순조로웠다. 이치하라시는 도심으로부터 떨어져 있어 기업의 수가 많지 않다. 게다가 거래하는 은행 지점장은 "이 근방에서 요즘 같은 때 이렇게 성장세를 보이는 회사는 몇 안 되는데, 사장님 경영 수완이 참 대단하십니다" 하며 대놓고 그를 추켜세웠다. 구태여 힘든 길을 갈 필요가 없었다.

그랬던 그도 점차 이나모리 씨에게 빠져들어 갔다. 선생님의 말씀을 들을 때마다 마치 가슴에 펀치를 한 방씩 맞는 것처럼 그 충격이 쌓여갔다. 동기가 오로지 돈이었던 삶에도 조금씩 공허함을 느끼기 시작했기 때문이다. 그러나 선생님의 가르침들은 이해가 갈 듯하면서도 쉽사리 받아들여지지가 않았다. 감사하고 소중한 가르침이라는 것은 알지만, 과연 인간이 사심을 온전히 내려놓는 것이 가능한지 의구심이 들었다.

이에 대한 힌트를 얻은 것은 교토에 있는 마쓰시타 자료관을 방문했을 때였다.

"그곳에 가니 마쓰시타 고노스케 씨가 80세 때 촬영한 비디오를 볼 수 있었습니다. 거기에 이런 이야기가 나오더군요. '저는 여든이 되어서도 여전히 사리사욕 덩어리입니다. 하지만 이 나이 먹고도 이래선 안 되겠다 싶어, 매일 밤 자기 전에 오늘 하루 내가 얼마만큼 욕심을 참았는지를 반성해 봅니다' 하고 말씀하시는 겁니다. 이 말을 들은 순간 문득 깨달았지요. 이나모리 선생님께서 말씀하시는 '동기가 선하고 사심이 없어야 한다'는 말이 바로 이걸 의미하는 것이었구나 하고요."

인간은 오만한 생물이기에 사심이 없는지 항시 스스로를 돌아보지 않으면 안 된다. 사심을 없애려 노력하는 것. 그것이 선생님 말씀의 진짜 의미일 것이라고 그는 해석했다.

"이나모리 선생님의 말씀은 아름답습니다. 고노스

케 씨의 말씀은 따뜻하고요. 차이는 있지만 그 참뜻은 같습니다. 비싼 명품 양복을 사 입어도 내 몸에 맞지 않으면 남의 옷을 빌려 입은 것처럼 억지스러워 보이지요. 제 몸에 딱 맞게 옷을 고쳐준 것이 바로 그 비디오 속 고노스케 씨의 말씀이었습니다."

이 일이 있은 후로 그는 이나모리 씨의 말을 자기 나름대로 풀어갔다. '누구에게도 지지 않을 만큼 노력한다'는 말을 오기야마 씨는 '누구에게도 지지 않을 만큼 노력한다고 말할 수 있는 사람이 되자'는 말로 바꾸었다. 누구에게도 지지 않을 만큼 노력한다는 것은 결코 쉽지 않은 일이다. '나는 누구에게도 지지 않을 만큼 노력하고 있다'고 단언해버리면 자칫 오만해질 수 있기 때문에 그런 말로 바꾸었다고 한다.

물론 이나모리 씨도 이따금씩 자신이 한 말을 자세히 풀어서 설명하곤 한다. 예를 들어 '안분지족'이라는 말이 그것이다. 이나모리 씨는 늘 "족함을 알라"고 말하는 한편, 경영실적을 최대한으로 늘릴 것을 학생들에게 강조한다. 어느 날 한 학생이 이나모리 씨에게 이렇게 물었다고 한다.

"저희는 단지 좋은 회사를 만들면 되는 것이지, 매상을 지나치게 추구함은 옳지 않은 것 아닙니까? 선생님께서는 늘 '안분지족'을 강조하시지 않습니까."

그러자 이나모리 씨가 호통을 쳤다.

"자네 회사는 시장 점유율이 몇 퍼센트나 되나? 자네는 '안분지족'이라는 말을 핑계 삼아 편해지려 할 뿐이야. 사회에 영향을 미칠 정도, 예컨대 독점 금지법에 저촉될 정도의 규모라면 '족함을 알아야 한다'는 말에 해당이 될 테지. 그런데 매출이 고작 수억 엔밖에 안 되는 기업의 경영자가 '안분지족이 중요하니 이제 매상을 그만 늘리겠습니다'라니, 자네 제정신인가? 그건 주제넘은 생각일세!"

이 말을 들은 오기야마 씨는 '안분지족'이라는 말이 뜻하는 바를 단번에 이해할 수 있었다. '안분지족'이란 탐욕을 버리라는 것이지, 노력을 덜 하라는 의미는 아닌 것이다.

"대부분의 학생들은 선생님 말씀을 곧이곧대로 받

아들입니다. 하지만 그중에는 페이스북 같은 곳에다 '오늘 하루도 누구에게도 지지 않을 만큼 노력하겠습니다'라는 글을 올리고선 그 날 오후에 골프 치러 가는 사람도 있어요. 골프를 치는 건 전혀 상관이 없는데, 학생들의 말과 행동이 너무 따로 노는 것 아닌가 하고 느낄 때가 있습니다. 《무사도》를 쓴 니토베 이나조(근대 일본을 대표하는 교육자이자 사상가로, 영문으로 집필한 《무사도》를 통해 세계적 명성을 얻었다─옮긴이)는 '신실함과 성실함이 없다면, 예의는 거짓놀음이며 연기에 불과하다'고 했습니다. 여기서 '예의'를 '말'로 바꿔보면 쉽게 이해가 되지요. 자신이 말한 것을 하나하나 그대로 실천해 온 이나모리 선생님이시기에 그 말들이 무게를 가지는 겁니다. 그 무게를 모르면서 단지 듣기에 멋지다고 제 좋을 대로 막 갖다 쓰면 안 되지요."

일찍이 이나모리 씨도 "우리 학생들 중에는 논어를 읽되 논어를 모르는 사람이 많습니다. 공부만 하고 실천은 안 합니다" 하고 충고한 적이 있다고 한다. 배우는 데서 만족하는 것이 아니라, 배운 것을 어떻게 실천하고 있는지가 중요하다고 이나모리 씨는 말한다.

오기야마 씨는 스스로를 경계하는 마음으로 이렇게 말한다. "강연을 듣고서 '오늘 선생님 말씀 참 좋았어' 하고 말면 그냥 거기서 끝나는 겁니다. 고급 외제차 창문에다 팔을 걸치고 '사람은 겸손할 줄 알아야지' 하고 내뱉던, 예전의 저 같은 경영자가 되어선 안 됩니다."

그가 이렇게까지 말에 집착하게 된 이유는 무엇일까. 사실 그의 왕성한 지식욕 자체는 어제오늘 일이 아니다. "아버지는 아예 학교라는 곳을 다녀본 적이 없으시고, 어머니도 초등학교밖에 못 나오셨어요." 오기야마 씨는 말한다. 그러한 환경 또한 영향을 미친 것인지, 어렸을 적부터 이 세상 모든 것에 대해 알고 싶다는 충동에 사로잡혔다. 그리고 이러한 충동은 더욱 강해져 TV 퀴즈 프로그램에도 수차례 출연했다. 고등학교는 미야자키현 내에서 제일가는 인문계 고등학교에 진학했다. 말을 표면적으로만 받아들이지 않고 핵심을 파고들고자 하는 탐구심도 아마 그 연장선상일 것이다. 그리고 또 한 가지, 그가 이나모리 씨의 인품에 매료되었다는 점도 커다란 이유이다.

이나모리 씨는 자주 이렇게 말한다.

"경영자라면 직원 삼사십 명쯤 반하게 만들 수 있어야 하네. 경영자가 직원들을 매료시킬 수 있는 사람이 된다면, 그들은 회사를 위해 혼신의 힘을 다해 일해줄 걸세."

극단적으로 말해서 좋아하는 사람을 위해서라면 살인까지 거들 수 있는 것이 인간이라는 존재다. 좋아하는 사람의 말이라면 그 정도로 순종하는 것이다. 이나모리 씨는 인간의 이러한 본성을 파악하여 '직원들을 매료시키는 경영자가 되면 회사는 발전한다'고 주장하고, 스스로 경영을 통해 이를 실천해 왔다. 그러나 그렇게 단언하는 경영자는 이나모리 씨 말고는 거의 없다. 대부분의 경영자는 '매료되고 매료시키는' 식의 관계를 구축하는 것은 유치하며, 학자의 논문에 나올 법한 그런 경영론이야말로 고상한 것이라 생각하곤 한다. 그러나 이는 대단히 잘못된 생각이라고 이나모리 씨는 한결같이 이의를 제기해왔다.

또한 그는 어떻게 하면 직원들이 반할만한 경영자가 될 수 있는지를 학생들에게 몸소 가르쳐주고 있다. 오기야마 씨는 이렇게 말한다. "스승으로서 저희 세이와주쿠 학생들에게 엄청난 열정을 쏟으시면서, 또 한편으로는 정기 모임에서 여유 시간에 해수욕을 하며 아이처럼 즐거워하시기도 하고 함께 노래방에 가서 노래를 열창하시기도 합니다. 이렇게 꾸미지 않은 있는 그대로의 모습을 보여주시는 점이 또 그분의 큰 매력이지요. 선생님과 함께하며 하나씩 하나씩 그분에 대해 알아가는 동안, 학생들은 점점 '이나모리 가즈오'라는 사람에게 빠져드는 겁니다."

그에게 빠져들면 들수록 학생들은 그에 대해 더 많이 알고 싶다는 욕구에 사로잡힌다. 그리고 지적 호기심이 강한 오기야마 씨의 경우에는 그러한 욕구가 선생님의 말씀을 해석하는 것으로 이어졌던 것이다.

오기야마 씨의 제안으로 만들어진 '합숙회'도 그 연

장에 있다. 이나모리 씨의 추종자들을 중심으로 구성된 합숙회는 정기 모임 다음 날, 모임이 열린 도시에서 사업을 운영하고 있는 학생의 회사를 찾아간다. 만약 예전에 그 회사 경영자가 '이나모리 철학으로 회사 분위기가 싹 바뀌었다'는 말을 했었다면 과연 그 말이 사실인지, 정말로 직원들이 이나모리 철학을 이해하고 있는지를 확인하기 위해 방문하는 것이다.

"거짓을 폭로하자는 것이 아닙니다. 있는 그대로의 모습을 보고 싶을 뿐이에요. 서로 체면 봐줄 것이 아니라 허물없이 모든 것을 내보일 때 비로소 진정한 배움을 얻을 수 있는 겁니다. 보통은 회사 내부 사정을 남에게 보이기 꺼려하는 경영자들이 많지만, 이런 게 또 우리 세이와주쿠의 좋은 점이지요. 다들 기꺼이 공개합니다. 이것도 역시 선생님께서 강조하시는 이타의 정신에서 온 것이겠지요. 선생님께 저희 합숙회에 대해 말씀드렸더니 '그것참 좋은 생각이구먼' 하셨습니다."

너무 많은 사람이 방문하면 회사 업무에 방해가 될

수 있으므로, 약 25명의 합숙회 회원 중 선착순으로 신청을 받아 15명 정도로 방문 인원을 한정한다. 호텔에 묵지 않고 반드시 큰 방이 있는 전통 여관을 예약해 다 같이 한방에서 합숙하는 것이 원칙이다. 그렇게 해야 서로 깊이 친해질 수 있기 때문이라 한다. 밤늦게까지 맥주를 마시며 그날 배우고 느낀 점에 대해 서로 의견을 교환한다. 다음 날 아침에도 일찍 기상하여 경영에 관한 고민을 나눈다. 그리고 매년 4월에는 전 회원이 자사의 결산서를 공개하고 지난 한 해의 경영을 종합한 뒤 다음 해의 각오를 밝히는 시간을 갖는다.

때로는 토론의 열기가 지나치게 달아올라 회원들끼리 멱살 잡고 싸우기 직전까지 간 적도 몇 번이나 있었다 한다.

"이런 인간관계는 쉽게 맺을 수 있는 게 아니에요. 다들 자기 회사에서는 일국의 군주로서 나의 결정과 지시들이 과연 옳은 것인지, 다른 선택을 해야 했던 것은 아닌지 수많은 고민을 안고 회사를 경영하고 있습니다. 그런 고민을 함께 나눌 수 있는 동료가 있다는 건 참 귀중한 재산이지요. 세이와주쿠에서는 12월에 송년 모임을 갖고 나서 다음 해 3월 중순까지는 전국단위 모임이 없어요. 그 바람에 동료들 얼굴을 한참 못 보니 약간의 금단증상 같은 것이 생기기도 하지요."

'모든 정기 모임에 빠짐없이 참가하는 것이 무슨 의미가 있나' 하고 의구심을 가지는 이들도 있을 것이다. 이나모리 씨 자신도 예전에 한 강연에 초청받았을 때 '이렇게 이른 시간부터 회사 일을 내팽개치고 이런 데 오면 안 되네. 지금 당장 돌아가게' 하고 크게 꾸짖은 일이 있다고 한다. 그렇다면 세이와주쿠의 활동은 어떻게 해석해야 할까. 이나모리 씨는 언젠가 이렇게 말했다.

"모임이 열리는 지역에 사는 사람이 참가하는 것은 이해하지만 왜들 굳이 그 먼 데서 찾아오는지, 그럴 시간 있으면 일을 할 것이지 참 이해가 안 간다고 전에는 생각했었습니다. 잘은 모르겠지만 언젠가부터 '추종자' 라는 말이 생기고, 그 추종자라 불리는 경영자들이 다른 학생들에 비해 좋은 실적을 올리고 있다 하더군요. 그러니 무조건 '여기 올 시간에 일이나 하라' 고 말할 수만도 없는 노릇이었지요."

오기야마 씨는 말한다. "선생님을 쫓아다니며 선생님 이야기를 몇 번이고 계속해서 듣는 우리 '이나모리교 신자들' 은 선생님의 말씀을 더 깊이 이해할 수 있을 뿐더러 서로에게 좋은 자극제가 되고 좋은 공부가 됩니다. 그렇기 때문에 회사 실적도 자연히 향상되는 것 같습니다."

그는 이나모리 씨에게 배운 것을 전 직원 연수회 등을 통해 50명의 직원에게 전하고 있다. 특히 직원들의 도덕 교육에는 많은 시간을 할애하고 있다. 단, 말에 예민한 오기야마 씨이기에 선생님 말씀을 그대로 전달하지는 않는다.

"제가 볼 때 선생님 말씀은 마치 북극해에 떠다니는 커다란 얼음덩어리 같다고나 할까요. 그걸 직원들 앞에 그대로 들고 와서 먹으라고 하면 못 먹지 않습니까.

도끼로 쪼갠 뒤 잘게 갈아 빙수로 만든 다음, 그 위에 달콤한 시럽을 뿌려 '자 드세요' 하고 바로 앞에 놓아 주면 그제야 맛있게 먹는 거지요. 직원들과는 매달 회식 모임도 갖고 있습니다. 함께 술을 마시면서 삶에 대해서나 일에 대해서 깊은 이야기를 나누고 있어요. 그리고 회사 안의 가장 궂은일들은 모두 다 제가 합니다. 화장실 청소도 제가 하고, 또 무서운 손님이 클레임을 걸면 제일 먼저 달려 나가는 것도 제 몫이고요. 제가 직원들 마음을 사로잡았는지 어떤지는 아직 잘 모르겠습니다만, 조금은 의지가 되는 사람이라 생각해주지 않을까요."

'경영자란 교육자와 같은 존재'라고 오기야마 씨는 생각한다.

"일을 통해 어떻게 더 나은 인간으로 성장해 가는지가 가장 중요하다 생각합니다. 특히 최근에는 회사의 역할이 더욱 중요해졌다고 할 수 있어요. 저는 회사 설명회를 열 때마다 반드시 취업준비생들에게 이렇게 묻습니다. '이 안에 부모님의 생년월일을 말할 수 있는 사람 있습니까?' 답할 수 있는 사람이 백 명 중 열 명 정도도 안 돼요. 원래는 부모나 학교가 교육해야 하는 것인데, 요즘 세상은 그런 것들이 제대로 이루어지지 않고 있지요. 그러니 회사가 그러한 역할까지 대신할 수 있어야 한다고 봅니다."

일찍이 고급차만 몰고 다녔던 그는 현재 국산 소형차를 탄다.

"고급차를 타는 것이 딱히 나쁘다는 건 아니에요. 선생님께서도 지나친 탐욕은 부정하시지만, 인간 본래의 욕망은 당연히 필요하다고 말씀하십니다. 그런데 제 경우에는 동기가 오로지 돈에 있었던 그 시절이 너무나 한심한지라, 당분간은 지금 타는 소형차를 계속 이용할 생각입니다."

보통의 세이와주쿠 학생들과는 다른 독특한 말과 생각으로 때때로 오해를 사기도 하는 오기야마 씨. 그러나 이것은 그가 진지하게 경영에 임하고 있다는 방증일 것이다.

인생에 옳은 일을 하라

'이나모리 가즈오 베이징 관리고문 유한공사.' 2010
년 4월, 이나모리 철학을 중국에 전파하기 위한 회사
가 베이징에 설립되었다. 중국 전역에서의 계몽활동과
더불어 이나모리 씨의 저서 및 강연 DVD 판매 등을
담당하고 있다. 세이와주쿠에서 발행하는 기관지 〈세
이와주쿠〉에 의하면, 한 해 전인 2009년 가을에 중국
의 한 출판사가 베이징에서 개최한 이나모리 씨의 강
연회가 회사 설립의 발단이 되었다고 한다.

　지나칠 정도로 신중한 경영으로 수차례의 경제 위
기를 극복해온 지난날의 경험들. 또한 이기심을 버리
고 직원과 고객, 거래처, 지역사회에 이르기까지 기업

을 둘러싼 모든 존재와 조화를 이루는 '이타 정신'의 중요성. 베이징의 강연회에서 이나모리 씨는 그의 경영 핵심을 청중에게 이야기했다. 그리고 그는 '경영자가 마음을 수양하여 바른 철학과 사고방식을 가지고 경영에 임함으로써, 판단을 그르치는 일 없이 기업을 올바른 길로 이끌 수 있다'는 말로 강연을 매듭지었다.

이러한 내용이 중국 내에서 커다란 반향을 불러일으켰고, 이것이 공사의 설립으로 이어졌다. 순식간에 문하생이 늘어 2012년 말 중국의 세이와주쿠 학생 수는 1,335명을 기록했다. 한편 창립 30주년을 맞은 일본 세이와주쿠의 학생 수는 약 6천3백 명이 되었다. 이 숫자만 놓고 보아도 중국에서 '이나모리 붐'이 얼마나 뜨겁게 일고 있는지를 짐작할 수 있을 것이다. '세이와주쿠 현상'이라 표현되기도 하는 이러한 인기는 센카쿠 열도를 둘러싼 중국과 일본 간의 정치 문제에도 아랑곳없이 뜨겁게 달아올랐다. 세이와주쿠 중국 대회에 참가하고 왔다는 한 일본 학생은 흥분한 기색으로 이렇게 말했다.

"참가자들은 30대에서 40대 초반의 젊은 경영자가 대부분이었어요. 이틀에 걸쳐 중국 경영자들의 경영체험 발표와 이나모리 선생님의 훈화 말씀이 이어졌는데, 내내 속닥거리는 소리 하나 안 나더라니까요. 다들 굉장히 진지했습니다. 그리고 선생님께 질문할 수 있는 시간을 주니 엄청난 인원이 일제히 손을 들었지요."

중국에서 이와 같은 이나모리 신드롬을 선도하고 있는 것이 바로 이나모리 베이징 관리고문 유한공사의 대표이사인 차오시우원 씨다. 1969년에 우시경공업학원(현 강남대학교)을 졸업한 후 기업과 정부기관에 근무하다 1992년 회사를 설립했다. 현재 우시 중행시장 유한공사 등 6개 회사의 경영에 참여하고 있다.

차오 씨와 이나모리 씨의 첫 만남은 2001년으로 거슬러 올라간다. 그해 10월, 톈진에서 중일기업경영철학 국제심포지엄이 열렸다. 주제는 이나모리 철학. 톈진일본기업경영철학연구회와 일본 세이와주쿠가 공동으로 개최한 것으로 이나모리 씨도 행사에 참석하기 위해 일본에서 날아왔다. 한편 차오 씨는 사업 근거지인 장쑤성의 기업가연합회로부터 '일본어에 능통하니 장쑤성을 대표해서 행사에 참가해 달라'는 의뢰를 받고, 심포지엄에서 자신의 경영에 대해 발표를 하게 되었다.

차오 씨가 선택한 주제는 '백술百術이 불여일성不如一誠'. 백 가지 전술을 부려도 성실함 한 가지를 못 당한다는 뜻이다. 차오 씨를 이날 처음 본 이나모리 씨는 그의 발표를 듣고 이렇게 말했다.

"모든 것에는 반드시 판단 기준이 있지요. 그 기준은 아주 간단합니다. 인간이 살아가는 데 있어 기준이 되는 단 한 가지는 '인간으로서 무엇이 옳은가' 하는 것입니다. 그 옳은 것이란 바로 이런 것들입니다. 거짓말하지 않고 정직한가. 게으름 피우지 않고 근면 성실한가. 자만하지 않고 겸손한가. 탐욕을 부리지 않고 만족할 줄 아는가. 그리고 나의 이익보다는 타인의 이익을 먼저 생각하는가. 사람은 늘 이러한 기준에 비추어 인생을 살아야 하며, 또한 경영자도 이러한 기준에 비추어 기업을 경영해야만 합니다. 단, 그 옳은 길을 끝까지 걸어갈 수 있는지가 문제지요."

옳은 것이란 무엇인가. 이나모리 씨는 교세라와 KDDI라는 두 기업의 발전 또한 바로 그러한 물음에서 출발하였으며 거기서부터 모든 것이 전개되어 갔다고 설명했다.

"선생님의 이야기를 들은 순간, 이것이야말로 진리임을 직감했습니다." 차오 씨는 지난날을 회고했다.

차오 씨 세대는 문화대혁명기에 학창시절을 보냈고 마오쩌둥 사상 교육을 받았다. 그러나 후일 문화대혁명은 부정되었고, 이로 인해 그는 세상에 대한 불신을 안고서 무엇이 진리인지 알지 못한 채 회사를 경영하고 있었다. 그런 차오 씨에게 이나모리 씨의 말은 그 어떤 종교보다도 진실하게 느껴졌다고 한다.

"1978년의 개혁개방정책 이후 중국 경제는 많은 발전을 이루었고, 또 고도의 기술도 도입돼왔습니다. 하지만 사람들의 가치관은 매우 혼란스러운 상태입니다. 이기주의가 앞서 일단은 나부터 부자가 되고 싶고 유명해지고 싶고 남이야 어쨌건 내 가족부터 행복하게 만들고 싶다고 생각하는 사람이 많습니다. 개혁개방 이전에는 일을 하든 안 하든, 노력을 하든 안 하든 마찬가지였습니다. 그 반동인지 모르겠습니다만, 현재는 지나치게 극단적인 측면이 있어요. 그리고 중국의 기업들은 개혁개방 이후 서양의 경영방식을 배웠습니다. 하지만 간부와 직원이 어떻게 서로의 마음을 모아야 하는지와 같은 '사람의 문제'에 대해서는 그 방법을 알지 못해 다들 힘들어합니다. 결국은 성과주의 경향으로 치우치게 되고 기업과 직원은 단지 천박한 금전 관계로만 맺어지니 그 관계가 오래 지속되지 않지요. 회사는 주주의 것이며 직원은 그저 비용에 지나지 않는다는 생각을 가지고 있어요. 거기에는 직원들을 소중히 여긴다는 발상 자체가 없습니다. 저희 회사 직원들은 회사를 위해 정말 열심히 일하지요. 그런데 저는 회사의 경영자라는 이유로 그들과 비교도 안 될 만큼 많은 이득을 취하고 있어요. 과연 이것이 옳은 일인지 저는 모르겠습니다."

중국은 국영기업을 제외하고는 대기업과 중견기업,

중소기업 할 것 없이 모두 개혁개방 이후에 설립된 회사들뿐이다. 경영자로서의 경험이 일천함에도 불구하고 중국 경제가 상상 이상으로 폭발적인 성장세를 보인 덕분에 많은 기업이 급성장을 이룰 수 있었다. 그리고 그러한 성장 뒤에서 경영자들은 시행착오를 반복하며 올바른 경영의 길을 모색하고 있다.

중국은 일본 이상으로 많은 이가 MBA(경영학 석사)를 취득하고 있지만 사실상 서양식 매니지먼트만으로는 부족하다고 느끼는 경영자가 많다. 이는 중국이 공자의 나라이기 때문인 것도 있다. 공자의 사상은 문화대혁명기에 '봉건주의적 윤리'라는 비난을 받았다. 그러나 장쩌민이 국가 주석이 된 후 공자에 대한 재평가가 이루어졌고, 오늘날에는 그의 가르침인 유교가 다시금 주목받고 있다. 중국은 지금 이나모리 붐과 동시에 유교와 같은 중국 국학의 전성기를 맞고 있는 것이다. 다만 차오 씨는 이렇게 지적했다.

"국학이라는 게 옛말로 되어 있어 대학을 나온 제가 보아도 상당히 어렵습니다. 젊은이들에게는 더더욱 난해하게 느껴질 테고요. 이나모리 선생님의 말씀 속에는 공자와 맹자를 비롯한 중국 옛 현인들의 이야기가 등장합니다만, 선생님 말씀의 골자는 '인간으로서 무엇이 옳은가' 이 한마디로 집약되기 때문에 쉽게 와 닿지요. 명나라 때의 사상가인 왕양명은 '치양지致良知'라는 말을 남겼습니다. 우리 마음속에 존재하는 양지良知, 즉 선한 인간의 본성은 자연의 섭리 그 자체이므로, 인간으로서 무엇이 옳은가 하는 점에 근거하여 행동하면 하늘의 이치에 맞으니 어떠한 고난이 닥쳐와도 하늘이 반드시 도울 것이라는 의미입니다. 그리고 선생님께서도 순수한 마음으로 최선을 다해 올바른 길을 간다면 기술 개발이든 다른 무엇이든 하늘이 스스로 그를 도울 것이라 말씀하십니다. 이와 같이 이나모리 철학은 중국 국학과 맞닿는 부분이 있으면서도, 국학처럼 난해하지 않고 굉장히 이해하기 쉽다는 장점이 있지요."

이나모리 철학은 왜 쉬울까. 그 이유는 이나모리 씨 자신이 경영을 실천해가는 가운데 정립된 것이기 때문이라고 차오 씨는 보고 있다. 이나모리 씨가 교세라를 창립했을 당시, 직원들은 중학교와 고등학교를 갓 졸업한 청년이 대부분이었다. 그런 젊은 사람들도 이해할 수 있도록 쉽게 설명하여 행동의 변화를 이끌어낸 이나모리 씨의 말은 심오한 의미를 지니고 있으면서도 그 표현 자체만 놓고 보면 평이한 것들이 많다.

또한 그의 말이 실용적이라는 점 또한 중요한 포인트이다. 중국에서는 니노미야 손토쿠(일본의 농정가이자 실천적 사상가로 근면한 일본인의 표상으로 여겨지고 있다－옮긴이)도 인기가 있다. 손토쿠는 '도덕 없는 경제는 범죄이며, 경제 없는 도덕은 잠꼬대'라 말하였으나, 이에 대한 구체적인 방법까지는 제시하지 않았다. 그러니 경제와 도덕을 조화시킨 이나모리 철학에 중국인들이 몰려드는 것이다. 유교적인 덕뿐만 아니라 오늘날의 시장주의 속에서 살아가는 방법 또한 제시해주고 있는 이나모리 씨의 이야기가 중국 기업가들의 눈에는 철학과 실학을 접목시킨 이상적인 가르침으로

비춰진 것이다.

차오 씨는 이나모리 씨가 경영이념으로 내세우는 '전 직원의 행복을 물심양면으로 추구한다'는 말에도 주목하고 있다. 차오 씨의 출신지인 장쑤성 우시시에서는 리먼 사태 때, 많은 기업이 직원들에게 자택 대기 발령을 내리고 임금을 반으로 삭감하거나 아예 해고시켜버렸다. 미국자본 기업은 CEO에 해당하는 총경리까지 해고했다.

"대다수 기업은 회사 경영이 순조로울 때는 상당히 높은 임금을 지급하지만, 실적이 저조해지면 '너는 이제 필요 없다'며 직원을 내쫓아버렸습니다. 하지만 우시에 있는 교세라 그룹 계열사만큼은 아무것도 바뀌지 않았어요. 내부 유보금을 확보하는 댐식 경영을 통해 안정적으로 회사를 경영하니, 결과적으로 직원들에게 물질적인 행복을 안겨줄 수 있는 것이지요. 또한 직원들로 하여금 정신적 행복을 느낄 수 있도록 해주면 팀워크가 굉장히 좋아져요. 게다가 전 직원의 행복을 물심양면으로 추구한다는 기업이념을 내세우는 경영자는 그들의 행복을 위해 최선을 다해 노력하기에, 직원들의 잘못이나 미흡한 점에 대해 당당히 나무랄 수 있습니다. 경영자 자신에게도 그리고 직원들에게도 엄격할 수 있으니 대단히 큰 힘을 가진 한 팀이 되는 것이지요."

이나모리 씨가 말하는 '언제나 옳은 일을 하라'는 가르침과 마찬가지로 '직원의 행복을 추구한다'는 이념 또한 단순히 기업 경영에만 국한된 것이 아닌 보편성을 가지는 가르침이라고 차오 씨는 생각한다.

"인간이 물질적·정신적으로 행복한 세상이란, 우리 인류가 수천 년의 역사를 이어오는 동안 세계의 모든 성인과 현자가 추구해온 이상향일 것입니다. 공자, 맹자도 훌륭한 말을 많이 남겼습니다만 현실에서는 그것을 제대로 구현하지 못했지요. 그런데 선생님께서는 스스로 말씀하신 것을 어느 정도 실현해냈습니다. '전 직원의 행복 추구'를 '전 국민의 행복 추구'로 고쳐 모든 나라가 이것을 국가 이념으로 삼았으면 좋겠네요.

어느 나라건 국민의 물질적 행복과 정신적 행복을 추구하는 것이 궁극적인 목표일 테니까요. 그 외에 또 무엇이 있겠습니까."

지금 중국에서는 자신의 인생과 경영을 '이나모리 이전'과 '이나모리 이후'로 나누어 이야기하는 경영자들이 늘고 있다. 이나모리 씨의 가르침을 접한 후에는 그 전과 비교해 삶의 방식이나 경영상태가 크게 달라지기 때문이다.

"중국의 경영자들은 기업을 보다 잘 경영하기 위해 그리고 삶을 보다 더 풍족하게 하기 위해 그동안 많은 공부를 해왔습니다. 그러나 이나모리 선생님처럼 철학을 논한다거나 아메바 경영을 도입한다거나 하는 것은 완전히 가치의 차원이 다르다 느끼고 있습니다. 학생 중에는 작은 기업을 경영하는 이가 있는가 하면 대기업 경영자들도 있습니다. 그런데 이러한 기업 규모에 상관없이 이나모리식 경영을 실천하면 반드시 그 성과가 나타난다는 사실은 정말 놀랄 만하지요."

차오 씨는 한 학생을 예로 들었다.

"청두에서 부동산 중개회사를 경영하는 학생이 있습니다. 이 회사는 직원이 3천 명이나 되는데, 모두 하나같이 이나모리 철학이 깊이 배어있습니다. 철학에 대한 이야기가 아무렇지 않게 일상적인 대화 속에 등장하더군요. 일본에서는 '말에 혼이 담긴다言靈'고 하지 않습니까. 말의 의미를 깊이 이해하고 그러한 이해를 바탕으로 행동을 하면 자연히 마음속 깊은 곳으로부터 혼이 실린 말이 나오지요. 그 회사에 가서 회의하는 모습을 보았는데, 직원들 말에 혼이 담겨있었습니다. 이나모리 철학이 그 정도로 직원들 의식 속에 깊게 배어있다는 것이 놀라웠지요. 그리고 전에는 매출액만 따졌던 것이 아메바 경영을 도입한 지금은 직원 한 명 한 명이 가지는 부가가치를 체크하고 있습니다. 대단한 잠재력을 가진 회사예요. 10년 후에는 직원 수를 5만 명까지 늘릴 계획이라더군요."

지금 중국에는 이나모리 씨의 철학과 실학을 흡수한 젊은 경영자들이 속속 등장하고 있다. 그리고 언젠가는 분명 그들 가운데서 중국 정상, 세계 정상에 우뚝서는 기업이 나올 것이다.

"중국의 이나모리 붐은 이제 막 시작되었을 뿐입니다. 그의 철학이 가지는 힘과 중국사회의 잠재적 수요를 고려할 때, 이나모리 철학은 지금보다 더 넓고 깊게 중국 경영자들 속으로 침투해갈 것이라 봅니다. 솔직히 말해 중국은 윤리의식이 결여된 배금주의 사회입니다. 그러니 반드시 이나모리 선생님의 철학을 널리 퍼뜨리지 않으면 안 됩니다. 아무리 경제력과 군사력을 키운다 해도 이대로 가면 중국의 앞날이 어찌 될지 참 두렵습니다. 제 개인적인 의견이 아니에요. 모두들 그렇게 생각하고 있습니다. 그렇기 때문에 일본어가 가능하며 이나모리 철학을 연구하고 있는 저의 책임이 막중한 것이지요."

이러한 사명감을 불태우는 차오 씨는 2012년 3월부터 이나모리 씨의 말을 중국어로 번역하여 웨이보(중국판 트위터)에 매일 올리고 있다. 현재 이나모리 씨의 웨이보 팔로워(올라온 글을 항시 읽을 수 있도록 등록한 회원) 수는 경이적인 속도로 증가하고 있으며 2012년 말을 기준으로 이미 250만 명을 돌파했다.

주변에서는 우려의 목소리도 많았다. '공산당은 다른 이데올로기를 인정하지 않는데 일본인의 철학을 웨이보에 올려도 괜찮을까?' '오랜 역사 문제도 있고 현재 정치적인 문제 또한 산적해 있어 두 나라 간의 관계가 좋지 않은 시국에, 일본인의 사상을 중국 경영의 본보기로 삼는 것은 곤란하지 않을까?' 하지만 차오 씨는 개의치 않는다. "선생님께서 말씀하시는 것은 '마음'에 대한 이야기입니다. 그러니 일본인이든 중국인이든 관계없어요. 누가 반대를 하겠습니까. 또 실제로 지금껏 아무 일도 일어나지 않았고요. 반대하기는커녕, 제가 올린 글에 호의적인 코멘트를 남겨주는 중국인들이 정말 많습니다."

이나모리 씨의 《카르마 경영》 등의 저서를 모아 중국어로 번역한 《삶의 방식活法》 시리즈도 높은 판매량을 기록하고 있는데, 이 책의 번역을 담당한 것도 차오 씨다. 이나모리 씨의 말에는 정신에 관계된 것들이 많기 때문에 그 뉘앙스를 중국어로 어떻게 표현해야 할지 고심하느라 번역에 많은 시간이 걸린다고 한다. 때로는 하나의 문장을 번역하기 위해 몇 날 며칠을 고민하기도 한다.

중국어판 《카르마 경영》은 중국의 이나모리교 신자들에게 있어 바이블과 같은 존재로 자리매김하였다. 직원들에게 나눠주기 위해 수백 권의 책을 한꺼번에 주문하는 회사도 흔히 볼 수 있는데, 그중에는 한 번에 7천5백 권을 구입한 회사도 있었다. 이러한 사실로 미루어 볼 때 기업 경영자뿐만 아니라 일반적인 중국 직장인들에게도 이나모리 철학이 급속히 침투해가고 있음을 짐작할 수 있다. 차오 씨의 지인 중에는 이 책을 머리맡에 놓아두고 매일 밤 반복해서 읽는 이도 있다고 한다.

이제는 사회현상이라고까지 말할 수 있는 이나모리 붐을 맞아, CCTV는 이나모리 철학에 관한 프로그램을 2008년부터 총 5회에 걸쳐 방영했다. 차오 씨의 말에 따르면 중국에서 특정 경영자의 사상에 대해 이렇게 여러 차례에 걸쳐 특별 프로그램을 제작한 전례가 없다고 한다.

그는 이런 일화를 알려주었다.

"방송국 카메라맨이 선생님을 촬영하던 중 몇 가지 사실을 알게 되었다고 합니다. 자료들이 잔뜩 들어있는 무거운 가방을 고령의 선생님께서 늘 직접 들고 다니신다는 것, 그리고 선생님이 강연을 마치신 후에도 그 자리에 남아 8시간 넘게 다른 경영자들의 경영체험 발표를 끝까지 들으신다는 것이었지요. 발표 내용을 열심히 노트에 적어가면서요. 이렇게 선생님께선 늘 최선을 다해 다른 이들의 말에 귀 기울여 주십니다. 중국의 이른바 잘 나가는 사람들은 이렇지 않아요. 가방도 자기가 들지 않습니다. 많은 사람이 모이는 행사에 초청을 받아도 제시간에 오지도 않고, 와서도 고작 5분 정도 떠들고는 부리나케 돌아가 버리는 게 보통입니다. 그런데도 사회자는 '바쁘신 와중에 애써 찾아주셔서 정말 감사드린다'고 말하면서, 회장에 있는 이들에게 박수를 요구하고요. 그런 것에 익숙한 중국인들이니, 이나모리 선생님의 인품에 감동하는 것이 당연하지 않겠습니까. 방송에서는 선생님의 이러한 인간적인 매력에 대해서도 다루었지요. 제 자신도 선생님과 있으면 참 좋습니다. 선생님을 뵈면 힘도 나고 무엇보다 기분이 정말 좋아요. 저뿐만 아니라 모두가 똑같은 마음일 겁니다."

이처럼 차오 씨가 생각하는 이상적인 경영자의 모습이란 이나모리 씨 그 자체다.

"저는 공부하는 것을 대단히 좋아합니다. 그런데 회사를 크게 성장시킨 중국인 경영자들의 이론이나 마음가짐에 대한 책을 읽고 감동을 느낀 적은 단 한 번도 없었어요. 세계의 역사와 사상을 공부해 보아도 선생님과 같은 인물은 찾아볼 수 없었습니다. 선생님께선 원래 기술자이자 경영자로 많이 알려져 있지요. 하지만 그분의 본질은 철저히 옳은 것을 추구하는 사상가이며 철학자라고 생각합니다. 사실 전 남에게 쉽사리 존경심을 품거나 감명을 받는 부류의 인간이 아닙니다. 진심으로 제 마음이 납득할 수 없다면 아무리 잘난 사람이라도 믿지 않아요. 선생님께서 얼마나 큰 회사의 경영자인지는 전혀 상관없습니다. 저는 단지 그분의 철학에 이끌린 것이니까요."

일본의 경영자들이 서양의 '매니지먼트 이론'과 동양의 '덕에 의한 경영' 사이에서 갈팡질팡하는 동안 유교의 종주국인 중국에서는 '이나모리 가즈오'라는 매개체를 통해 참된 경영자의 모습이란 무엇인지 깊이 고민하고 있었다. 오늘날 중국 기업들이 발전할 수 있는 이유가 단지 값싼 인건비나 고도의 경제성장 덕분이라는 견해는, 이제는 점차 과거의 것이 되어가고 있다.

차오 씨는 오히려 일본 경영자들을 걱정한다. 그는 '일본 기업의 기술이나 아이디어의 수준이 중국 기업보다 뛰어나다'고 인정하면서도, 경영자에 대해 물으니 표정이 흐려졌다.

"우시에는 수많은 외국자본 기업이 있습니다. 한국 기업의 경우 반년이 지나도록 중국말을 못하는 사원이 있으면 본국으로 되돌려 보냅니다. 그런데 일본 기업은 그렇게까지 엄격하게 하지 않아요. 정부 담당자의 눈으로 볼 때 한국, 대만, 홍콩, 싱가포르 기업들에 비해 일본 기업은 너무 소극적입니다. 그 원인은 경영자에게 있겠지요. 특히 2대 경영자들 중에는 우수한 이들도 있는 반면에, 죄송한 말씀이지만 전혀 우수하지 않은 이들도 있습니다. 오랜 시간 중국 기업과 거래를 하고 있으면서도 중국말을 못해요. 노력을 안 한다는 겁니다. 이나모리 철학은 중국 기업에도 필요하지만, 일본 경영자들 또한 이나모리 철학을 더 많이 공부해야 합니다."

최근에는 중국의 세이와주쿠 학생들이 단체로 일본을 찾는 일도 늘었다고 한다. 일본 세이와주쿠 학생이 경영하는 기업을 방문하여 이나모리 철학을 함께 공부하기 위해서다. "저희에게 정말 큰 도움이 됩니다. 일본의 경영자분들이 회사 내의 문제점이나 부족한 부분까지도 숨김없이 전부 다 보여주시고, 우리 중국 경영자들의 질문에도 성심껏 답해주시지요. 또 요즘은 반대로 일본 학생들이 중국 학생의 기업을 방문하기도

하니, 앞으로는 이러한 양국 간의 교류가 더욱 활발해
지겠지요." 차오 씨는 흐뭇한 미소를 지었다.

3장

당신은
어떤 사람이어야
하는가

5백 명 이상의 세이와주쿠 학생이 모인 호텔 연회장. 각자의 테이블에서 화기애애하게 담소를 나누고 있던 학생들이 갑자기 의자를 번쩍 들고 앞다투어 한 곳을 향해 모여든다. 그 중심에 있는 것은 물론 이나모리 가즈오 씨. 학생들은 이나모리 씨의 자리를 겹겹이 에워싸고 앉아 조용히 때를 기다린다. 지금부터가 정기 모임의 클라이맥스다.

이나모리 씨가 참석하는 세이와주쿠의 정기 모임은 전국 각지에서 연간 10여 회가 열린다. 이 날의 정기 모임에서는 먼저 두 학생이 각각 40분씩 영상자료를 섞어가며 자신의 경영 인생에 대해 발표했다. 그리고 단상 한쪽에 앉아 발표를 들은 이나모리 씨는 각각의 발표자에게 자신의 경험을 예로 들어가며 코멘트를 했다. 발표자 수는 때에 따라 달라지지만 '경영체험 발표'라 불리는 이러한 형식은 언제나 거의 같다. 5백 명의 학생은 발표자의 인생 이야기 속에서 자신의 인생을 떠올리며 조용히 발표에 귀를 기울인다.

발표 후 이어지는 친목회. 유달리 눈길을 끄는 것은 이나모리 씨와 한마디라도 이야기를 나누기 위해 장사진을 이룬 학생들의 모습이다. 한 사람당 암묵적으로 용인되는 시간은 약 1, 2분. 다들 약속이라도 한 듯 이나모리 씨와 나란히 사진을 찍고서 만족스러운 얼굴로 자기 자리로 돌아간다.

친목회를 일단 끝낸 뒤 사회자의 목소리를 신호로 하여 마침내 '이차회'라 불리는 짧은 경영문답이 시작된다. 사전에 발표자가 정해져 있는 경영체험 발표와는 달리, 이 경영문답은 손을 들어 선착순으로 질문할 수 있다. 운이 좋으면 경영에 관한 자신의 고민을 이나모리 씨에게 직접 털어놓고 상의할 수 있는 것이다. 이때는 질문하는 학생도, 이나모리 씨도 조금 술기운이 돈 상태. 질문자가 그간 쌓였던 불안한 마음을 눈물로 토로하는가 하면, 이나모리 씨가 시뻘개진 얼굴로 학생을 호되게 나무랄 때도 있다. 그야말로 본심을 그대로 다 드러낼 수 있는 경영상담 시간인 것이다. 이날은 총 여섯 명에게 질문을 받았다. 그중 이나모리 씨가 가장 긴 시간을 들여 답을 한 것은 안경원을 경영하는 한 학생으로부터 받은 질문에 대해서였다.

"지난 반년 사이에 중견 사원들이 네 명이나 그만두고 나가버렸습니다. 진짜인지 거짓말인지 모르겠는데, '이 일에 불만은 없지만 다른 일을 해보고 싶다'는 게 그만두는 이유랍니다. 저는 지금까지 직원들을 누구보다도 가장 많이 아끼고 사랑하려 노력해 왔고, 또 그들과 깊게 소통하기 위해 '회식을 하자'고 계속해서 제안했습니다. 하지만 직원들에게선 '술을 못 마시는 체질이어서' 혹은 '오늘 차를 가져와서' 하는 매몰찬 대답만 돌아왔어요. 그러고는 결국 이렇게 단체로 퇴사를 한 겁니다. 도대체 전 이제부터 어떻게 해야 좋겠습니까."

마이크를 꽉 쥐고 질문을 듣고 있던 이나모리 씨가 조용히 이야기를 시작했다.

"중소기업은 대기업처럼 대우가 좋은 것도 아니고, 또 복리후생도 충분치 않습니다. 정말 무엇 하나 볼 게 없어요. 요컨대 직원들 입장에서는 우리 중소기업에 매력을 못 느낀다는 말입니다. 장래를 생각하면 굉장히 불안하지요. 중소기업 경영자라면 누구나 이런 고민을 안고 있을 것입니다. '만약 우리 회사가 대기업이었다면 우수한 직원들이 퇴사하는 것을 막을 수 있었을 텐데' 하는 생각 말입니다. 믿고 의지하던 직원이 회사를 그만두는 것만큼 힘든 건 없으니까요."

이나모리 씨는 달래는 듯한 말투로 이렇게 이야기하더니, 이번에는 목소리에 힘을 실어 다시 말을 이어갔다.

"회사에 매력이 없다면, 회사의 사장인 당신이 매력을 가질 수밖에 없습니다. 비록 작은 안경원일지라도 당신이 매력적인 사람이라면 직원들은 '이 사람은 늘 내게 꿈을 주는 사람이며, 이 사람과 함께라면 이 회사는 더욱더 발전할 것이다' 하는 생각을 갖게 될 테지요. 그러니 당신 스스로가 직원들의 마음을 사로잡지 않으면 안 됩니다. 직원을 사로잡을만한 매력이 없다면 그 누구도 당신과 함께 가려 하지 않아요. 직원들이 떠나가는 건 참으로 괴로운 일이지요. 그다지 우수하지도 않은 직원까지 당신에게 정나미가 떨어져 사표를 쓰는 일도 있습니다. 붙잡으려 해도 갖은 핑계를 대며 나가버리고요. 그런데 이렇게 다들 나가버리고 중소기업에 아무도 안 남아있는가 하면 또 그렇지도 않아요. 끝까지 회사에 남아 열심히 일해 주는 직원들이 있습니다. 그런 직원들 수를 얼마나 늘려 가는가. 그것이 바로 리더의 매력, 인간성 아닐까요."

이나모리 씨는 수많은 공을 이루고 명성을 얻은 지금까지도 중소기업 경영에 대해 이야기할 때는 곧잘 '우리 중소기업은……' 이라고 말한다. 매출 수조 엔의 기업을 일궈낸 인물임에도 여전히 중소기업 경영자들과 똑같은 시선에서 바라보고 있는 것이다. 이러한 사실만으로도 중소기업 경영자들의 마음은 이나모리 씨에게 강하게 끌린다.

경영체험 발표부터 시작해서 장장 4시간이 넘게 진행된 세이와주쿠 정기 모임은 전혀 예상치 못한 어떤 의식에 의해 마무리되었다. 사회자의 안내 멘트가 흘렀다.

"이제 슬슬 행사를 마무리 지어야 할 것 같습니다. 참석해주신 여러분, 대단히 감사합니다. 그럼 지금부터 전례에 따라 '고향'을 합창하며 행사를 끝내도록 하겠습니다."

학생들은 일제히 자리에서 일어나 벽 쪽으로 빙 둘러서더니 어깨동무를 했다. 그리고 5백 명이 일제히 동요 '고향'을 부르기 시작했다.

"토끼 쫓던 그 산, 물고기 낚던 그 강……"

과거 이나모리 씨가 교토의 애자 제조회사에서 일할 때 회사가 도산 위기에 치하자 그의 입사 동기들은 잇따라 회사를 그만두었다. 그 시절 외로움과 미래에 대한 불안을 달래기 위해, 자신의 고향 가고시마를 떠올리며 기숙사 근처 강가에서 그가 밤마다 읊조리던 것이 이 동요이다.

눈을 감고 부르는 사람, 만면에 미소를 띠고서 부르는 사람, 허공을 응시하며 가만가만 부르는 사람, 눈물을 흘리며 부르는 사람. 5백 명이 저마다의 생각에 젖어 노래를 부른다.

"여기는 우리들의 배움터이자, 치유의 장이자, 영혼을 씻는 곳입니다." 한 경영자가 개회사에서 했던 이 말이 세이와주쿠의 역할을 단적으로 말해준다.

세이와주쿠의 발족은 1983년, 이나모리 씨가 51세 때였다. 교토의 젊은 경영자들이 경영에 대한 가르침을 주십사 그에게 수차례 간청한 끝에 그해 마침내 실현된 것이었다. 기관지 〈세이와주쿠〉의 창간호(1992년 봄호)에서 이나모리 씨는 이렇게 말하고 있다.

저의 이야기를 들려달라는 요청이 계속되기에 '짬이 좀 나면 하겠다'며 미루고 미뤄왔습니다만, 그 열정에 감복하여 여러분께 도움이 되고자 이렇게 나서게 되었습니다. 교토에서 그간 많은 신세를 졌으니 이번엔 제가 보답을 해야 하지 않겠습니까. …… 이나모리라는 사람에게서 경영에 대한 것, 그리고 인생에 대한 것을 배워가든 훔쳐가든 다 좋습니다. 다 좋은데, 반드시 마음을 열고 있는 그대로 받아들여 주셨으면 합니다. 진심으로, 거짓 없이, 저 사람 말대로 정말 그렇구나 하며 믿고 그대로 따라주신다면 여러분의 경영은 크게 달라질 것입니다. 반드시 달라지게 돼있습니다. 열린 마음으로 제 이야기를 들으면 제 말에 공감하고 수긍하고 감명을 받을 것입니다. 그리하면 제가 하는 이야기들이 그리 대단한 것이 아닐지라도 사실 발군의 효과를 발휘할 겁니다. 그리고 만약 제 이야기가 훌륭한 것이고 그 이야기를 받아들이는 사람 또한 훌륭한 인물이라면, 회사가 그야말로 몰라보게 성장을 한대도 이상한 일이 아니지요. 이렇게 말하니 본의 아니게 무슨 신흥종교 같습니다만, 경영을 잘 하려면 우수한 경영을 하는 자의 경영이념을 받아들이고 그의 경영을 그대로 따라하는 것이 가장 중요하다고 생각합니다. 꼭 진심으로 배우고자 하는 분들만 오십시오. 무언가를 배우려는 이는 이미 마음이 열려있으니, 한 번의 수업에 백만 엔을 낸다 한들 아깝지 않을 만큼의 가치가 있는 겁니다. 하지만 그렇지 않은 이는 공짜 수업일지라도 여기 나와 앉아있는 시간 자체가 낭비일 뿐이지요.

이렇게 말하는 이나모리 씨 역시 수많은 선배 경영인들로부터 경영을 배워 왔다. 특히 마쓰시타 고노스케 씨의 영향을 적잖이 받았음을 스스로도 인정하고 있다. 교토의 야마시나에 있는 교세라 경영연구소는 '교세라 철학'이라 불리는 이나모리 씨의 경영 철학을 배우기 위한 연수 시설로, 이나모리 씨와 교세라가 걸어온 길을 상세히 기록한 자료들을 다수 전시하고 있다. 그중에는 고노스케 씨가 강연을 했던 1965년도 간사이 재계 세미나에 이나모리 씨가 참가했을 때 찍은 사진이 있다. 그리고 그 사진에는 '댐식 경영에 관한 이야기를 듣고 감명을 받다'라는 설명이 적혀있다.

사업이 순조로울 때는 벌어들인 돈을 착실하게 모아 두어 위기에 대비한다는 것이 고노스케 씨의 '댐식 경영론'이다. 이나모리 씨가 이따금씩 소개하곤 하는 다음과 같은 일화가 있다. 고노스케 씨의 강연이 끝난 뒤, '댐식 경영을 하는 게 중요하다는 것은 알고 있지만, 우리는 그럴 돈이 없어 힘들다. 어떻게 하면 댐을 만들 수 있는지 방법을 알려 달라'는 질문이 날아왔다. 고노스케 씨는 잠시 생각에 잠겼다가 '우선은 댐이 꼭 필요하다는 강한 염원을 가져야겠지요' 하고 대답했다. 그러자 강연장 안에서는 실소가 터져 나왔다고 한다. 그가 구체적인 방법을 제시해주지 않은 점이 청중에겐 불만이었던 것이다.

그러나 이나모리 씨의 반응은 달랐다. 고노스케 씨의 이 말을 듣고 그는 전율을 느꼈다고 한다. '그 말이 맞다. 간절히 바라지 않으면 아무것도 이룰 수 없다.'

이때 그의 나이 33세. 그날 이후 18년간 이나모리 씨는 스스로와 싸워가며 '참된 경영자의 모습'을 확립

해갔다고 할 수 있다. 그 과정에서 망설이고 갈등했던 수많은 에피소드를 학생들 앞에서 이야기할 때, 듣는 이들은 마치 과거로 돌아가 그 상황을 실제로 겪는 듯한 느낌을 받는다. 이나모리 씨가 놀랄 만큼 상세히 지난 일들을 묘사하기 때문이다. 물론 타고난 좋은 기억력도 한몫했을 테지만, 기억 속에 여전히 선명하게 남아있을 정도로 경영에 진지하게 임해왔다는, 그의 말을 빌리자면 '엄청 진지하게' 경영과 마주해왔다는 증거가 아닐까.

살아있는 경영학을 배우기 위해 지금까지 수많은 경영자가 세이와주쿠에 입문했다. 그중에는 현재 주식 시장에 상장되어 있는 기업의 경영자들도 많다. 피아의 야나이 히로시 씨, 와타베 웨딩의 와타베 다카오 씨, 헤이와도의 나쓰하라 히라카즈 씨, 사카이 이사센터의 다지마 하루코 씨, 오토야 홀딩스의 미쓰모리 히사미 씨, 넥스트의 이노우에 다카시 씨 등 일일이 다 열거할 수 없을 정도다. 일찍이 시대의 총아가 된 히카리 통신의 시게타 야스미쓰 씨, 북오프 코퍼레이션을 창립한 사카모토 다카시 씨와 같은 저명한 경영자들 또한 눈에 띈다. 지금은 탈퇴했지만 소프트뱅크의 사장 손정의 씨도 한때 세이와주쿠에 이름을 올렸다고 한다.

자기 회사가 주식을 상장했건 하지 않았건 큰 회사건 작은 회사건, 세이와주쿠에서는 모두가 똑같이 한 사람의 문하생이 되어 펜을 들고 노트에 열심히 강의를 받아 적는다. 회사 안에 '이나모리 가즈오의 방' 까지 만들어 둔 오하타 씨와 같이 스승에게 완전히 푹 빠진 제자들의 경우, 다른 연구회에는 일절 나가지 않는다.

그중에서도 가장 열심인 학생으로 평판이 자자한 이는 도쿄증권거래소 1부에 상장해 있는 사업용 부동산 회사 '선 프런티어 부동산' 의 사장 호리구치 도모아키 씨다. 이나모리 씨의 열렬한 추종자인 그는 정기 모임에서 이나모리 씨의 말을 마치 속기사처럼 한마디도 빠트리지 않고 재빨리 강의 노트에 그대로 받아 적는다. 테이블이 없는 경영문답 시간이 되면 한 손에 들어오는 작은 수첩으로 바꿔들고서 술도 거의 마시지 않고 계속해서 메모를 한다. 그리고 도쿄로 돌아가는 차 안이나 비행기 안에서 선생님 말씀을 되새겨보며 처음부터 다시 깨끗하게 옮겨 적는다. 주말에는 그것을 다시 한 번 찬찬히 읽어본 뒤 느낀 바를 자신의 말로 풀어 3천 자가량의 리포트로 정리한다. 실로 '가장 열심인 학생' 다운 면모를 보여주고 있다.

메모, 정서正書, 리포트로 그 형태를 달리하며 세 차례나 강의 내용을 써내려가다 보면 '군더더기가 없어지고, 각각의 말들이 논리적으로 연결되며, 말의 배경에 무엇이 있는지 확실히 보이게 된다' 고 호리구치 씨는 말한다. 그는 이와 같은 '쓰는 작업' 을 매달 반복하면서 이나모리 철학을 가슴 깊숙이 받아들여 왔다.

"선생님 말씀을 들을 때는 항상 저희 회사 상황에 비추어 생각하며 듣습니다. 그래서 선생님 이야기를 듣다가 저희 회사의 어떤 직원이 생각나면 저도 모르게 수첩에 그 직원 이름을 함께 적어 넣을 때도 있어요." 똑같은 이야기를 들어도 '참 좋은 말씀이야' 하고 끝나는 이들도 있는가 하면, 들은 내용을 자사의 경영에 활용하기 위해 탐욕적으로 흡수해가는 호리구치 씨와 같은 이들도 있다. "그대로 흉내 내는 것에 의의가 있는 겁니다. 선생님 같은 경영자가 되는 것이 불가능하다고 생각할 거면 뭐 하러 선생님 이야기를 듣습니까?" 그는 딱 잘라 이렇게 말한다.

호리구치 씨는 직원들과 생각을 공유하기 위해, 그가 쓴 3천 자의 리포트를 직원들 앞에서 발표하고 있다. 이나모씨 씨의 말을 인용할 때도 많지만, 단순히 들은 것을 전달하는 데서 그치지 않는다. 그 이야기로부터 그가 무엇을 배웠고 또 앞으로 무엇을 어떻게 실천해 갈 것인가 하는 그의 '해석'이 더해져 있는 것이다. "이나모리 선생님이 저의 스승이라는 것은 전 직원이 다 아는 바지만, 회사의 근간을 이루는 것은 우리의 독자적인 '선 프런티어 철학'이라는 생각을 모두가 가지고 있습니다."

그가 흉내 내는 것은 비단 이나모리 씨의 경영사상뿐만이 아니다. 이나모리 씨의 억양이나 말을 맺는 방식, 시선처리나 사소한 몸짓들에 이르기까지 그는 스승의 모든 것을 면밀히 관찰하여 그대로 따라 한다.

"전에는 '우리 회사를 이러이러한 곳으로 만들고 싶다'는 욕심은 많은데 그 생각을 직원들과 공유하는 것이 쉽지 않아 늘 고민이었습니다. 지금 생각하면 일방적으로 다그치는 듯이 말했던 것 같아 반성하고 있어요. 이나모리 선생님의 화법을 따라 하면서부터, 직원들이 제 생각을 받아들이는 정도가 확연히 달라졌습니다. 이야기를 들을 때의 직원들 눈빛을 보면 알 수 있지요."

그는 다른 학생들에게 '정도가 지나치다'며 비웃음을 사고 있는 모양이지만, 자못 진지하다.

"공식적인 자리에서 긴장을 하거나 실수하지 않으려고 선생님을 본보기로 하여 행동하고 있습니다. 그러나 제가 선생님의 일거수일투족을 흉내 내는 더 큰 이유는 조금이라도 더 그분을 닮고 싶기 때문입니다. 그 정도로 믿고 따를 수 있는 경영자를 본보기 삼아 철저하게 그를 모방함으로써 스스로를 빠르게 성장시켜 갈 수 있지요. 애초에 인간은 세상에 태어난 순간부터 누군가를 모방하며 살아갑니다. 그러니 좋은 모방을 반복하여 본질에 도달하면 결국 그것이 자신의 천성이 되는 것이라고 저는 믿습니다."

'흉내'를 낸다는 의미에서 이나모리 철학을 정리해 둔 '교세라 철학 수첩'을 거의 그대로 인용한 'ㅇㅇ(회사명) 철학 수첩'을 만들어 자기 회사 내에서 사용하는 학생도 많다. 또 세이와주쿠에서는 이나모리 씨의 잠언들을 적은 달력을 제작하여 판매하고 있다.

'오늘 하루도 최선을 다해 노력하라'

'포기하려는 생각이 드는 그 순간부터가 시작이다'

'동기가 선한가, 사심이 없는가'

'가격 책정은 경영이다'

'인생의 방정식 = 사고방식 × 열의 × 능력'

달력을 넘기면서 이나모리 씨의 이러한 말들을 마음속으로 새겨보거나 소리 내어 읽으며 아침을 맞이하는 학생들이 전국에 셀 수 없이 많다. 그들은 날마다 이나모리 씨의 가르침을 접하면서 경영상의 판단에 망설임이 있을 때 '만약 내가 이나모리 가즈오였다면 어떻게 했을까' 하고 자문자답한다. 그들의 목표는 이나모리 씨와의 '동행이인同行二人'. 동행이인이란 편로遍路 (시코쿠의 88개 성지를 돌며 참배함 – 옮긴이) 순례자가 고보 대사 구카이(헤이안 초기의 고승으로 진언종의 창시자 – 옮긴이)의 가호를 받으며 그와 함께 걷는 것을 뜻한다. 이와 마찬가지로 고독한 경영자들에게 있어 늘 따뜻한 시선으로 지켜봐 주는 이나모리 가즈오라는 스승의 존재는 고맙고 기쁘다.

그들은 왜 이토록 이나모리 씨를 신봉하는 것일까.

이나모리 경영의 대명사라 하면 역시 '아메바 경영' 일 것이다. 이는 조직 전체를 적게는 5명에서 많게는 50명 정도로 구성된 소집단(아메바)으로 나누어, 각각의 아메바를 독립 채산제로 운영하는 경영관리 수법이다.

보통의 회사들도 '부部' 혹은 '과課' 등으로 나뉘어 있기는 하나, 아메바 경영이 기존의 조직 형태와 가장 크게 다른 점은 아메바별로 이익과 경비를 매일 확인 할 수 있다는 점이다. 내가 속한 아메바가 오늘 얼마를 벌었는지 혹은 얼마의 적자를 냈는지가 확실히 보이기 때문에 직원 한 사람 한 사람이 경영자 마인드를 가지고 '최대의 매출, 최소의 경비'를 목표로 일하게 된다. 세이와주쿠의 학생 모두가 자사에 아메바 경영을 도입한 것은 아니지만, 상당수의 학생이 부문별 채산제로 기업을 운영하고 있다.

그런데 사실 '매출을 최대로, 경비를 최소로'라는 말 자체는 단순하기 그지없다. 가능한 한 매출을 늘리고 경비의 지출을 억제하는 것은 경영에 있어 기본 중의 기본. 그러나 그것을 철저히 실행에 옮기고 있는지가 핵심이다. 이나모리 씨가 추구하는 것은 '가능한 한'이 아니다. 말 그대로 '최대'와 '최소'이다. 복잡한 경영지표를 내세우는 것이 아니라, 전 직원이 한마음이 되어 '최대의 매출과 최소의 경비'를 실현해 가는 것. 그렇게 하면 어떠한 업종의 기업이든 반드시 10퍼센트 이상의 이익률을 달성할 수 있다는 것이 이나모리 씨의 주장이다.

세이와주쿠에서는 두 자릿수의 이익률을 올리고서야 비로소 어엿한 한 사람의 경영자로 인정을 받는다.

기술 혁신의 여지가 적고 극심한 가격 경쟁이 벌어지고 있는 업계, '3D'라 불리며 일본의 산업을 밑바닥에서 떠받치고 있는 업계. 이러한 중소기업의 경영자가 자사 이익률이 10퍼센트 선을 넘었다고 의기양양하게 동료들 앞에서 발표할 때, 이나모리 씨의 얼굴은 저도 모르게 싱글벙글 웃고 있다.

이러한 부문별 채산제가 각 현장에서 제대로 기능할 수 있도록 하기 위해서는, '우리 회사를 어떠한 회사로 만들고 싶은가' 하는 경영자의 메시지를 직원들이 공유하고 경영자와 직원이 깊은 신뢰관계로 묶여있어야 함이 절대적 조건이다. 상호 간에 그러한 유대와 신뢰가 없다면, 실무적으로 많은 시간과 노력이 드는 계수관리를 직원들에게 일방적으로 강요하는 것이 되어 조직이 오히려 피폐해질 수 있다.

그 때문에 이나모리 씨는 아메바 경영의 토대로서 '필로소피philosophy'라 불리는 경영 철학을 직원 한 사람 한 사람에게 심어주려 한다. 직원들과 술잔을 주고받으며 깊은 이야기를 나누는 '회식 모임'을 통해 그들이 무엇을 위해 살아가는지, 무엇을 위해 일하는지를 스스로에게 물어볼 수 있도록 한다. 그리고 이러한 과정 속에서 그들이 '이타의 정신'을 깨닫고 스스로 그것을 내면화하는 순간을 기다리는 것이다.

철저한 계수관리와 심오한 이념의 공존. 전혀 다른 차원에 있는 경영의 두 가지 대명제가 양립할 수 있다는 것을 실제로 증명해냈다는 것이 바로 경영자 이나모리 가즈오 씨의 공적이자, 훌륭한 경영자라 일컬어지는 이유이다.

어떻게 하면 돈을 많이 벌 수 있는지를 가르치는 컨설턴트는 무수히 많다. 인생을 살아가는 데 필요한 처세에 대해 이야기하는 이들 또한 셀 수 없이 많다. 하지만, 일견 모순 관계에 있는 듯 보이는 두 명제를 양립시킨 인물은 거의 없다. 지난날 메이지 시대의 실업가 시부사와 에이이치가 '논어와 주판'을 주창한 이래로, 도덕과 경제를 깊은 차원에서 양립시킬 수 있는 방법을 수많은 경영자가 고민해 왔다.

이나모리 씨는 이 두 가지 대명제의 공존을 위한 열

쇠가 경영 수법이 아닌 경영자 개인에게 있음을 밝혀냈다. 즉 경영자 개인이 바른 인성으로 직원들의 전적인 신뢰를 얻어내면, 직원들은 '최대의 매출, 최소의 비용'을 목표로 열심히 노력하게 되고 경영자의 철학을 배워나가는 것이다.

이나모리 경영은 다음과 같은 논리로 진행된다. 우선 경영자는 물심양면으로 직원의 행복을 추구한다는 단 하나의 경영 목적을 세운다. 다음으로 이 목적을 실현하기 위해 나의 회사를 지역 최고, 국내 최고, 세계 최고의 기업으로 만들겠다는 높은 목표를 세운다. 그리고 이러한 높은 목표를 수행하기 위해 경영자는 사리사욕을 버리고 매일같이 누구에게도 지지 않을 만큼 노력한다. 다시 말해, 경영자 개인의 금욕적이고 자기 절제적인 인간성. 이것을 경영의 핵으로 삼았을 때 비로소 계수관리와 이념의 공유가 조화를 이룰 수 있는 것이다.

금욕적이고 자기 절제적인 인간성이란 무엇일까. 세이와주쿠의 학생들이 이나모리 씨의 가르침을 받으면서 무엇보다 힘들어하는 것이 바로 이 문제라 해도 과언이 아니다.

　가가와현 사누키시에서 도쿠타케산업을 경영하는 소고 다카오 씨 또한 그러한 문제에 직면한 이들 중 하나였다. 소고 씨의 회사는 고령자 전용 신발을 제작하고 있다. 근육의 쇠퇴나 질병 등으로 인해 일반적인 신발로는 보행에 어려움을 겪는 고령자들이 많다. 그러한 고령자들의 절실한 요청에 따라 발끝 부분을 위쪽으로 적정 각도만큼 둥글려 제작하여 넘어지는 것을 방지하고, 신발 밑창의 높이를 0.5센티미터 단위로 선택할 수 있도록 했다. 제품 곳곳에 세심한 배려의 마음을 담은 이 신발은 고령자들의 많은 지지를 받아 매출 10억 엔의 사업으로 성장했다. 또한 소고 씨는 그 업적을 인정받아 다수의 경영상을 수상했고, 매체에서도 앞다투어 그에 대해 다루고 있다.

　2008년 2월, 소고 씨는 그의 사업 근거지인 가가와현에서 열린 정기모임에서 약 40분간 경영체험 발표를 했다. 자신의 사업이 사회에 기여한 바를 강조하면서 경영자로서 자신이 그동안 걸어온 길을 이나모리 씨 앞에서 이야기했다. 선생님께서도 분명 자신이 해온 일들을 칭찬해 주실 것이라고 소고 씨는 생각했다. 그러나 그를 기다리고 있었던 건 뜻밖에도 이러한 대답이었다.

"훌륭한 일임에 틀림없지만, 이익률이 3퍼센트에도 못 미치는 건 큰 문제입니다. 이 상태로는 조금만 불황이 닥쳐도 회사의 존속이 위험해질 수 있어요. 적어도 7, 8퍼센트 정도의 이익률을 확보할 수 있도록 노력해야 합니다."

그때까지 회사가 도산할 수도 있다는 생각은 한 번도 해본 적이 없었던 소고 씨는 '벽돌로 머리를 세게 얻어맞은 듯한 엄청난 충격을 받았다'고 한다. "그 정도의 이익만으로 충분하다고 생각했었습니다. 경비를 무리해서 절감하지 않아도 자금은 잘 돌고 있었어요. 게다가 연금으로 생활을 이어가는 고령자들이 주 고객이니만큼 제품 가격은 인상하고 싶지 않았고요. 그저 이익을 사회에 환원하는 정도로만 생각하고 있었습니다. 하지만 회사가 도산하면 고령자들이 곤란을 겪게 될 것이고, 우리 회사 직원들도 졸지에 길바닥에 나앉게 되겠지요. 선생님 말씀을 듣고 제 생각이 짧았음을 깨닫게 되었습니다."

내가 하는 사업이 사회적으로 큰 의의를 가진다는 것만으로는 충분치 않다. 열심히 이익률을 올려 경영을 안정시켜야만 내 직원을 지킬 수가 있고 세상에 기여하는 사업을 지속해 나갈 수도 있는 것이다. 그것이야말로 경영자가 걸어가야 할 이타의 길이다. 도덕과 경제, 이념 공유와 수치 관리의 양립을 이야기하는 이나모리 씨의 진면목을 바로 여기서 엿볼 수 있다. 소고 씨는 그때부터 경영자로서 한층 더 성장하게 된다.

그는 직원들 앞에서 머리를 숙였다. "단지 흑자를 냈다는 것만으로 만족해서는 안 된다는 것을 깨달았습니다. 앞으로는 체계적인 경영으로 어떠한 환경 변화에도 흔들리지 않는 굳건한 회사를 만들어, 여러분이 더욱 안심하고 일할 수 있도록 하겠습니다." 소고 씨는 자신의 이야기를 듣는 직원들의 표정이 어느새 환해신 것을 느낄 수 있었다. 이나모리 씨의 말대로, 그간 직원들은 내심 불안한 마음을 품고 있었던 것이다.

그는 60여 종 품목의 각각의 원가를 세밀하게 계산하고, 채산을 맞출 수 있도록 상품 라인업을 재검토했다. 또한 상품을 위탁 생산하는 중국의 세 군데 공장에 경쟁 원리를 도입하여, 같은 품목의 상품을 중복해서 제작하게 함으로써 생산성 향상을 도모했다. 그리고 이와 같은 개혁을 착실히 수행해갈 수 있도록 소고 씨는 60여 명의 전 직원을 대상으로 '업무의 정밀도'를 높이는 새로운 시스템을 도입했다. 소고 씨는 이러한 시스템을 도입하기 이전에도 해마다 경영 계획서를 작성하여 직원 한 사람 한 사람의 역할과 목표를 설정해왔으나, 업무 진행 방식은 직원 개개인에게 일임했었다고 한다. 소고 씨는 아홉 개 부서별로 매달 회의를 실시하도록 하고 자신도 모든 회의에 참석했다. '경영자는 직원들과 함께 생각하고 고민과 아픔을 함께 나누면서 목표 달성의 정확도를 높여가야 한다는 것을 알게 되었다'고 소고 씨는 말한다.

직원에게도 스스로에게도 엄격하게. 이나모리 씨의

이야기를 들은 그날 이후로 소고 씨의 경영 스타일은 크게 달라졌다. "결국 예전의 저는 어설픈 경영을 했다는 것이겠지요." 일련의 조치들을 통해 경영 이익률은 3년 새 8퍼센트대까지 급증했다.

경영자의 역할은 비즈니스 모델을 구축했다고 끝나는 것이 아니다. 또한 부하 직원에게 지시를 내렸다고 해서 거기서 끝이 아니다. 경영자가 조직에 깊숙이 관여하고 조직 구석구석에 끊임없이 애정을 쏟지 않으면 직원들은 경영자를 믿고 따르려 하지 않는다. 좋아하는 사람을 위해서라면 어떤 일도 할 수 있는 것이 인간의 본성이다. 인간적으로 매료된 경영자를 위해서라면 직원들은 아메바 경영에도 철학 공부에도 열심히 매진하게 된다.

일찍이 이나모리 씨는 그가 이상으로 삼는 경영자의 모습에 대해 이렇게 설명했다.

결국 조직의 리더는 훌륭한 인성을 갖추지 않으면 안 됩니다. 어린 시절에 곧잘 전쟁물을 읽곤 했습니다만,

책 속에 등장하는 대장에는 두 부류가 있습니다. 하나는 몸소 군대의 맨 앞에서 말에 올라타고 '나를 따르라' 하며 전군을 이끌고 진격하는 대장이며, 또 하나는 후방에 천막을 치고서 지휘봉을 손에 들고 지시를 내리는 대장이지요. 러일전쟁 때의 뤼순공방전을 예로 들 수 있겠습니다. 육군 대장 노기 마레스케가 203고지의 전선에 포진해 있을 때, 사령관인 오야마 이와오는 후방 진지에 있었지요. 하루는 오야마가 잠에서 깨어 아침 공기를 들이마시며 부관에게 '오늘은 어디에서 싸움이 있는가' 하고 묻습니다. 그 순간에도 203고지에서는 쟁탈전을 벌이며 병사들의 시체가 산을 이루고 있는데 대체 이게 무슨 말도 안 되는 소립니까. 오야마 이와오라는 인물은 우리 사쓰마의 대선배 격입니다만, 저는 이 이야기를 듣고 몹시 분개했습니다. 저라면 당장 최전선으로 달려가서 203고지 아래에서 노기 마레스케보다도 앞으로 나가 참호 안에서 흙탕물에 뒹굴고 총탄을 맞으며 전선의 병사들을 독려할 것입니다. 그리하여 부하들의 사기를 고취시킬 수 있는 자만이 진정한 지휘관이라 할 수 있겠지요.

– 〈닛케이벤처〉 2005년 2월호에서 –

스파르타식으로 직원들을 채찍질하거나 고액 보수라는 당근을 눈앞에서 흔드는 것이 아니라 경영자 스스로가 불씨가 되어 조직에 열정이라는 불을 붙이는 것. 회사의 흥망성쇠가 온전히 경영자에게 달려 있다는 '궁극의 리더십론'. 이것이 바로 이나모리 씨가 반 세기에 걸쳐 한결같이 이야기하고 있는 바다.

이나모리 씨 또한 완전무결한 인간은 아니다. 스스로도 인정하고 있듯이 그도 내면의 이기심과 끊임없이 싸우고 있다. 그 상징적인 사건으로 그는 1997년 교토에 있는 임제종臨濟宗 묘신지파의 승당인 엔푸쿠지에서 출가를 했다. 그 전에는 바쁜 시간을 쪼개어 탁발이나 가두 설법까지 나갔었다. 불교의 가르침을 경영에 적용하는 경영자들은 많지만, 불가에 입문한 경영자는 극히 드물다.

이나모리 씨는 평소 생활 속에서도 사치를 멀리한다. 그는 JAL의 회장으로 취임한 후 교세라와 자택이 있는 교토에서 JAL 본사가 있는 도쿄로 이동할 때 늘 이타미공항을 이용했다고 한다. 교토에서 신칸센을 타고 바로 도쿄로 이동하면 체력적으로 훨씬 편하다는 것을 알면서도 일부러 오사카와 효고 사이에 걸쳐 있는 이타미공항까지 이동한 뒤 거기서 다시 JAL의 항공편에 탑승했다. 물론 JAL의 회생에 대한 각오와 의리 때문인 것도 있고, 주변의 눈도 어느 정도 의식한 행동이었을 것이다. 하지만 만약 다른 경영자가 이나모리 씨와 같은 입장에 있었다면 과연 매번 그렇게 교토에서 이타미공항까지 이동하는 수고를 감수할 수 있었을까.

도쿄에 머물 때는 신변안전 등의 이유로 늘 정해진 호텔만을 이용했는데, 그 호텔 조식이 지나치게 호화스럽고 양이 많다는 이유로 근처 편의점에서 몇백 엔짜리 도시락을 매일 아침 직접 사다가 호텔방에서 먹었다고 한다. 편의점 도시락을 먹는 것은 그렇다 쳐도 이나모리 씨 정도의 경영자라면 보통은 비서에게 사오도록 하는 것이 일반적이다.

편하고자 마음먹으면 얼마든지 가능한 위치에 있는 사람이다. 하지만 그는 절대 그러한 길을 선택하지 않는다. 이나모리 씨의 인간성에서 가장 칭송받아 마땅한 점은 노년에 접어들어 이제는 '경영의 신'이라고까지 불리게 되었음에도 여전히 꺾이지 않는 이러한 절제심이다.

매 순간 끊임없이 '이래서는 안 된다'는 자기반성을 맹렬히 반복하는 것. 그가 신으로 불릴 만한 자격이 있다면 분명 그러한 점일 것이다. 특유의 친근한 웃는 얼굴에 이끌려 다가갔다가 소름 끼칠 정도의 절제심에 자신도 모르게 뒷걸음질 치게 된다. 그리고 그의 이런 모습에서 인간의 끝없는 가능성을 본 이들은 그에게 점점 빠져들어 간다.

그렇다면 왜 이나모리 씨는 이토록 자기 절제가 강한 것일까. 그것은 앞서 인터뷰에서 밝혔듯이 지난날 그가 처해온 환경과 무관하지 않을 것이다.

이나모리 씨는 가고시마의 평범한 인쇄소 집 아들

로 태어나, 12세에 결핵에 걸려 사경을 헤맸고 13세 때는 공습으로 집이 불타 없어졌다. 청년이 되어서는 오사카대학 의학부를 지망했으나 떨어져 가고시마대학에 진학한다. 대학에서 열심히 학문에 힘을 쏟아 졸업 후에는 좋은 회사에 입사할 수 있을 것이라고 누구도 믿어 의심치 않았으나, 한국전쟁 이후의 불황과 겹쳐 당장이라도 망할 것 같은 교토의 한 애자 제조회사에 어렵사리 취직을 한다.

급여는 자꾸만 밀려가고 입사 동기들도 하나둘 회사를 떠나자, 이나모리 씨도 새로운 살길을 도모하기 위해 자위대에 원서를 넣어 합격 통지를 받는다. 그런데 가고시마에 있는 형에게 호적등본의 송부를 부탁하니 '그렇게 쉽게 회사를 그만두어서야 되겠느냐'며 보내주지 않는 바람에 하는 수 없이 회사에 남게 된다. 그때부터 죽을힘을 다해 연구에 몰두하여 그가 직접 개발한 부품을 구 마쓰시타전자공업에도 납품하게 된다. 이제야 운이 좀 트이는가 싶더니, 이번에는 교토대학 파벌의 상사와 대립한다.

아무리 노력해도 뜻대로 되지 않았던 날들. 그러한 순간순간들이 모여 그의 마음을 단단하게 만들었다. 이나모리 씨 스스로도 말하듯, 만약 이러한 수많은 불행이 그에게 닥치지 않았다면 지금의 이나모리 가즈오는 결코 존재하지 못했을 것이다.

여기서 생각할 수 있는 것은 누구나가 경영자로서 성공할 수 있는 가능성을 지닌 것이 아니라 어쩌면 숙명을 짊어진 자만이 진정한 경영자가 될 수 있는 것인지도 모른다는 점이다.

이와 같은 '경영자 숙명론'은 이나모리 씨가 스승으로 여기는 고노스케 씨에게도 해당된다. 고노스케 씨의 사업에 대한 열정의 원천은 본래 금전욕이었다고 한다. 가난의 밑바닥에서 자란 그는 아홉 살에 가게에서 고용살이를 시작한다. 그 후에도 가족을 차례로 병으로 잃는 등 이루 다 말할 수 없는 고생을 겪으면서, 경제적인 풍족함을 손에 넣으면 행복해질 수 있을 것이라는 생각을 갖게 된다.

고노스케 씨의 처남으로 회사의 발전에 공헌한 산

요전기 창업자 이우에 도시오 씨는 '젊은 시절에는 그가 걸출한 인물이라거나 재능이 많은 사람이라는 생각을 해본 적이 없다. 단, 일에 대한 열의만은 남달랐다'고 이야기한다(존 코터, 《Matsushita Leadership》, 한국에는 《운명》이라는 제목으로 2015년 번역 출간돼있다－옮긴이).

그 후에도 태어난 지 얼마 안 된 아들을 잃는 등 불행한 일들을 겪은 고노스케 씨는 1932년, 지인의 손에 이끌려 우연한 기회에 나라현에 있는 천리교天理教 본부를 방문한다. 거기서 열심히 일하고 있는 신자들의 생기 넘치는 모습을 목격한 그는 사회적 사명을 위해 일하는 것이야말로 행복해지는 길임을 깨닫게 된다.

이때 그의 나이 37세. 창업 15년 만에 강한 이기심이 강한 이타심으로 바뀌는 순간이었다. 사명을 깨달은 해라는 의미에서 '명지원년命知元年'이라 부르는 이때를 기점으로 고노스케 씨는 우리가 익히 아는 '경영의 신'으로서 첫발을 내딛게 된다.

이나모리 씨의 문하생들에게서도 공통점을 찾을 수 있다. 도쿠타케산업의 소고 씨는 젊어서 고향의 은행에 취직했었는데, 그해 그의 어머니가 46세의 젊은 나이에 유명을 달리했다. 소고 씨는 그때의 일을 이렇게 회고한다. "당시에는 왜 하필 내게 이런 슬픈 일이 일어났나 하는 생각에 괴로웠습니다. 유복한 가정은 아니었지만 어머니께선 저희 네 명의 형제들이 걱정 없이 생활할 수 있도록 정말 열심히 일해 오셨어요. 은행에 취직했으니 이제부터는 어머니 고생을 덜어드릴 수 있겠다 생각했는데 그렇게 갑자기 가버리시다니요. 제 바로 아래 동생은 그때 아직 초등학교 6학년이었습니다."

게다가 소고 씨가 장인이 경영하던 도쿠타케산업을 물려받기 위해 37세에 회사에 입사하자마자 또 한 번의 불행이 그를 덮쳤다. 대를 이을 사람이 생겼다고 기뻐하며 주위에 자랑하고 다니던 장인이 갑자기 심근경색으로 쓰러져 세상을 떠난 것이다. 소고 씨는 '장인어른보다 나은 경영자가 되어 직원들이 납득할 수 있는 경영을 해나가겠다'는 굳은 의지로 시장 개척을 위해 동분서주하였으나, 넘치는 패기는 겉돌기만 했고 직원들은 반발했다.

그러한 소고 씨에게 빛이 되어준 것은 장인의 1주기가 되던 날, 위패를 모신 절의 주지 스님께서 해준 말이었다.

"지금 선대에게 질 수 없다며 경쟁을 하고 있는 모양인데, 자네 장인어른께선 자네가 편히 일할 수 있도록 죽음이라는 형태로 자리에서 물러나 주신 것이라 생각하게. 자네를 위해 말 그대로 목숨 걸고 사업을 물려주셨는데, 감사는 못 할망정 싸워 이기려 들어서야 되겠나."

주지 스님의 이 말을 듣고 소고 씨는 자리에서 일어나지 못할 정도로 큰 충격을 받았다. 지난 일 년 동안 얼마나 자기 생각만 하며 멋대로 회사를 경영해왔는지 그제야 깨달았다. 주지 스님의 권유로 그날 이후 그는 매일 아침 장인어른의 불단에 합장을 올린 뒤 회사 업무를 장인에게 보고했다. 그러자 어깨에 잔뜩 들어갔던 힘이 빠져 마음에 여유가 생겼고, 장인에 대한 감사의 마음이 싹텄다. 그리고 점차 직원들과의 사이에도 일체감이 생겼다. 이를 토대로 그는 사업을 성공적으로 재편할 수 있었다.

소고 씨에게 '경영자란 무엇인가'라는 질문을 던지자 이렇게 대답했다.

"책상과 의자가 늘어선 무미건조한 회사를 사람 피가 흐르는 생동감 있는 회사로 바꾸기 위해서는 경영자의 강한 의지가 반드시 필요합니다. 훗날 하늘에서 어머니를 만났을 때 '우리 아들 참 열심히 했구나' 하는 칭찬을 듣고 싶고, 또 장인어른께도 '자네 좋은 회사를 만들었구먼' 하는 말씀을 듣고 싶다는 그 마음이 제 힘의 원천이지요. 어머니께서는 고난 끝에 기다리는 진정한 행복을 저희 형제들에게 주시려고 그렇게 일찍 곁을 떠나신 것이 아닐까 하는 생각도 듭니다. 두 분의 죽음이 저를 참된 경영자로 만들어 주었습니다. 경영자란 이러한 경험들을 가진 '선택받은 인간'이라고 전 생각합니다. 아무나 될 수 있는 것이 아니에요."

늘 순풍에 돛단 듯 흘러가는 인생이란 존재하지 않

는다. 그렇다면 역경과 불운을 어떻게 마주할 것인가. 옆으로 피하거나 뒤로 물러서지 않고 쉼 없이 앞을 향해 나아가, 그러한 경험들이 어느 정도 쌓였을 때 경영자로서 눈을 뜰 수 있다. 바로 그것이 강인한 자기 절제심의 원천이다. 이러한 절제심이 각각의 경영자들이 지닌 개성에 따라 때로는 부모의 모습으로, 때로는 사상가의 모습으로 표출되는 것이다.

이나모리 씨는 고노스케 씨 외에 또 한 사람 '절대적 적극심'을 주창한 다이쇼 · 쇼와시대의 사상가 나카무라 덴푸를 각별히 신봉하고 있다. 덴푸는 그의 저서 《연심초硏心抄》에서 이와 같이 기술하고 있다.

무릇 인격의 완성은 인류의 당연한 책무이며, 오로지 스스로를 도야함에 의해서만 그 목적을 달성할 수 있다. 또한 자기 도야의 힘은 다른 곳에 있는 것이 아니라, 참되고 밝은 성정으로서 바로 나 자신의 생명 안에 내재되어 있다. 그러므로 우리 모두가 보다 나은 훌륭한 인생을 살아가기 위해서는, 우선 이 존엄한 내재적 힘을 발현시켜야 한다. 그리고 스스로의 마음을 태만하지 않고 끊임없이 바르고 깨끗하게 닦아 나가야만 그 전능한 힘을 발휘할 수 있는 것이다.

만약 지금 이 순간 당신이 고난에 직면해있다면, 이는 자기 도야를 위한 절호의 기회이다. 또한 당신은 지금 경영자로서의 숙명을 짊어질 수 있는 자인지 그렇지 않은지를 판가름하는 시험대에 올라 있는 것이다. 그러니 스스로가 옳다고 믿는 길을 절대적 적극심을 가지고 돌진하기 바란다. 경영자 이나모리 가즈오가 그래왔듯이 말이다.

나카무라 덴푸가 남긴 말 중에 이나모리 씨가 대단히 아끼는 말이 있다. 경영자란 무엇인가. 이 물음에 대한 이나모리 씨의 답이 이 한마디에 고스란히 담겨 있다.

'새로운 계획의 성취는 오직 불요불굴의 마음에 달렸음이라. 그러니 염원하고 또 염원하라. 고고하게, 강하게, 한결같이.'

인덕경 人德經

제1판 1쇄 발행 | 2018년 1월 22일
제1판 3쇄 발행 | 2024년 5월 10일

엮은이 | 닛케이톱리더
옮긴이 | 장수현
펴낸이 | 김수언
펴낸곳 | 한국경제신문 한경BP
책임편집 | 노민정
교정교열 | 김가현
저작권 | 박정현
홍보 | 서은실·이여진·박도현
마케팅 | 김규형·정우연
디자인 | 장주원·권석중

주소 | 서울특별시 중구 청파로 463
기획출판팀 | 02-3604-553~6
영업마케팅팀 | 02-3604-595, 583 FAX | 02-3604-599
H | http://bp.hankyung.com   E | bp@hankyung.com
T | @hankbp   F | www.facebook.com/hankyungbp
등록 | 제 2-315(1967. 5. 15)

ISBN 978-89-475-4300-2   03320